Alfabetização

propostas e práticas pedagógicas

ABDR

Maria Cecília de Oliveira Micotti

Alfabetização

propostas e práticas pedagógicas

Montagem de capa e diagramação
Gustavo S. Vilas Boas

Preparação de textos
Renata Castanho

Revisão
Daniela Marini Iwamoto

Dados Internacionais de Catalogação na Publicação (CIP)
(Câmara Brasileira do Livro, SP, Brasil)

Micotti, Maria Cecília de Oliveira
Alfabetização : propostas e práticas pedagógicas /
Maria Cecília de Oliveira Micotti. – 1 ed., 1ª reimpressão. –
São Paulo : Contexto, 2023.

Bibliografia.
ISBN 978-85-7244-777-5

1. Alfabetização 2. Educação 3. Pedagogia 4. Prática de ensino.
5. Sala de aula – Direção I. Título.

12-14059 CDD-372.21

Índice para catálogo sistemático:
1. Alfabetização : proposta pedagógica 372.21

2023

EDITORA CONTEXTO
Diretor editorial: *Jaime Pinsky*

Rua Dr. José Elias, 520 – Alto da Lapa
05083-030 – São Paulo – SP
PABX: (11) 3832 5838
contato@editoracontexto.com.br
www.editoracontexto.com.br

Sumário

Apresentação

Ensinar a ler e a escrever não é tarefa fácil, especialmente, quando a problemática da alfabetização intensifica-se. Entre nós, o ensino tem sido criticado; seus resultados são vistos como fracos em vários aspectos, sobretudo com referência ao aprendizado da leitura e da escrita. Múltiplos fatores contribuem para isso, entre eles, os tratamentos dados à educação escolar e ao trabalho do professor que não correspondem à sua importância social, além de outros problemas que afetam a sociedade e, por consequência, as escolas. Apontar as dificuldades referentes ao processo de alfabetização no sistema de ensino não significa falta de reconhecimento da ocorrência de avanços da democratização da educação escolar, marcada nas últimas décadas pelo acesso à matrícula no ensino público.

As dificuldades referentes à alfabetização comprometem a realização de uma das principais funções da escola – a de promover a socialização do saber ou do conhecimento sistematizado. Como a escrita é utilizada para registrar os saberes elaborados pela humanidade, ler é indispensável para participar do ensino e ter acesso aos saberes que compõem a herança social da humanidade.

Ensinar é a principal função da escola, mas o ensino pode acontecer de diversos modos e conduzir a diferentes resultados. Até recentemente, alfabetizar era sinônimo de escolher e seguir uma cartilha; hoje as coisas mudaram. Novos encaminhamentos didáticos são propostos aos alfabetizadores. Porém nem sempre a interação de quem ensina com o que é proposto ocorre de modo a permitir a solução dos problemas na prática pedagógica. Por outro lado, a formação de professores constitui assunto que merece muito mais atenção.

As novas propostas pedagógicas valorizam a capacidade humana de elaborar conhecimentos. Os seres humanos utilizam aquilo que já sabem para atribuir sentido ao que desconhecem, desenvolvendo espontaneamente conhecimentos, inclusive os referentes à escrita. Assim, espera-se que o ensino aproveite essa capacidade, ajudando o aprendiz a superar e a transformar suas noções pessoais, e por vezes distorcidas, para ter acesso ao conhecimento sistematizado, ao saber construído pela humanidade em sua história.

Por vezes essas diretrizes são interpretadas como dispensa do apoio do trabalho docente para o aprendizado da escrita, transformando a professora em observadora dos procedimentos dos alunos em suas tentativas de ler e de escrever.

No trabalho didático, um dos grandes problemas é o de promover a passagem da escrita espontânea para a escrita convencional. As tentativas de inovar o ensino esbarram com dificuldades para superar a valorização dos enfoques subjetivos e, por vezes, egocêntricos do aprendiz e desenvolver a escrita convencional. O domínio das competências básicas de leitura e escrita não acontece sem a superação das garatujas e do uso indiscriminado de letras. Apenas a silabação ou o mero contato dos alunos com materiais escritos são insuficientes para completar o processo de aprender a ler e a escrever.

Se o ensino se reduzir a atividades sem organização didática adequada, pode ocorrer que a compreensão particular e subjetiva conseguida pelo aluno não chegue a se transformar em saber. Assim, por um lado, o ensino tradicional exclui os estudantes que não conseguem entender e acompanhar o trabalho do professor. Por outro lado, temos propostas de ensino que valorizam a visão da escrita e a realização dos alunos nas aulas, mas cuja aplicação não inclui essa interação dos alunos no ensino e não completa a alfabetização. O indivíduo só, sem interlocutores ou sem orientação, progride muito devagar. Esta situação desmotiva grande número de alunos e seus familiares.

A rigor o grande desafio que se coloca para a educação escolar é o de transformar o trabalho em sala de aula. Transformar inserindo a visão de quem aprende no ensino, sem perder de vista as finalidades deste ensino, no caso, o desenvolvimento do aprendizado da leitura e da escrita, assunto que é objeto de reflexões por parte de muitos professores.

Muitas questões emergem do atual contexto em que se encontra a alfabetização na educação escolar, dentre elas: como favorecer a integração da visão particular de mundo de cada criança com o que cabe à escola ensinar? Em que as novas propostas didáticas diferenciam-se do ensino tradicional? Como aplicar novas orientações para alfabetizar? Uma vez aprendidas "as primeiras letras", de que maneira orientar a produção textual? Essas são algumas questões que inquietam os professores e, muitas vezes, conduzem à rejeição das propostas de mudanças pedagógicas ou a uma miscelânea de procedimentos.

Diante dessas e de outras indagações apresentamos o livro *Alfabetização: propostas e práticas pedagógicas*, composto por dez capítulos, resultantes de algumas de nossas observações sobre este processo nos últimos cinquenta anos, das pesquisas que realizamos, em particular, com o grupo de pesquisas Alfabetização e, especialmente, de nosso intercâmbio com os colegas professores da educação básica e com colegas de outros países vinculados à Red Latinoamericana para Trasformación de la Formación Docente en Lenguaje.

No primeiro capítulo, intitulado "As tendências pedagógicas: os conceitos de leitura e de escrita", são contrastados o ensino tradicional e o construtivismo, as duas grandes correntes pedagógicas que marcam os discursos dos profissionais da educação nos ambientes escolares. É atribuída ênfase aos conceitos de leitura e de escrita que contribuem para diferenciar essas tendências.

Em "A leitura e a escrita: aprendizagem e ensino", o segundo capítulo, são examinados os enfoques dados ao processo de alfabetização em diferentes tendências pedagógicas, sobretudo na didática tradicional e no construtivismo.

"A teoria de Piaget e o trabalho do professor no processo de alfabetização" constitui o terceiro texto apresentado. Nele focalizamos alguns aspectos do cognitivismo piagetiano e da psicogênese da escrita e suas implicações para a prática pedagógica. Estudamos, também, algumas interpretações equivocadas da proposta construtivista que ocorrem no ensino.

O quarto capítulo, intitulado "Metodologia do processo de alfabetização", contempla a questão dos métodos de ensino. Assunto que por vezes é visto como desnecessário com base no pressuposto de que os métodos estão superados. Contudo, este estudo é importante para a compreensão do processo de alfabetização praticado em muitas escolas.

No texto intitulado "A educação infantil e o processo de alfabetização", que constitui o quinto capítulo, tratamos da inserção das crianças no universo da leitura e da escrita e do papel que essa educação pode desempenhar neste processo. Ênfase é atribuída à importância do respeito ao direito de as crianças viverem a própria infância.

No sexto capítulo, "O ensino fundamental com nove anos de duração", examinamos a inserção da alfabetização no novo currículo deste ensino que se inicia aos 6 anos de idade.

"As crianças, as professoras e as suas práticas em alfabetização" é o título do sétimo capítulo. Nele são contrastadas as realizações em leitura e escrita de crianças em idade pré-escolar e as práticas alfabetizadoras, realizadas pelos professores.

O oitavo texto, "A alfabetização e a pedagogia por projetos", focaliza a proposta de pedagogia por projetos apresentada por Jolibert e colaboradores, que não distancia o letramento da alfabetização. Ênfase é dada à leitura e à escrita de textos em situações reais de comunicação, no decorrer da realização dos projetos.

Em "O processo de alfabetização: o desempenho dos alunos ao longo do tempo", que compõe o nono capítulo, apresentamos o relato de uma pesquisa. Ela foi realizada em busca de respostas para questões referentes ao que acontece na vida escolar das crianças que se encontram em dificuldades no início do processo de alfabetização escolar. Focaliza as relações que as crianças estabelecem com a leitura e a escrita e, também, com os outros leitores.

No décimo capítulo, intitulado "A alfabetização e a formação de professores", focalizamos a questão da formação docente, considerando o atual cenário do processo de alfabetização em nossas escolas.

Enfim, este livro não tem a pretensão de propor respostas completas ou conclusivas para as questões tão complexas referentes ao processo de alfabetização, nem a de exaurir os temas que este processo envolve.

O livro traz para apreciação do leitor textos sobre questões presentes no cotidiano escolar, resultantes de esforços aplicados nas tentativas de aclarar alguns aspectos da alfabetização.

As tendências pedagógicas: os conceitos de leitura e de escrita

Ao longo do tempo, a leitura tem sido conceituada de modos diversos. Os conceitos de leitura variam como variam os conceitos da escrita e, nestas variações, constitui fator importante a perspectiva em que a escrita é colocada em relação à língua falada. O estudo referente às várias conceituações de leitura e escrita revela que estas são propostas por alguns pesquisadores em estreita conexão com a língua falada, ao passo que outros apresentam a leitura como processo ideovisual em que o leitor, diante da escrita em sua especificidade, desempenha papel relevante.

Neste texto, apresentamos em linhas gerais diferentes enfoques da leitura e da escrita, sem qualquer pretensão de realizar um estudo exaustivo deste assunto que é tão complexo, ou de fazer um levantamento das contribuições que compõem este campo investigativo. Temos, no entanto, a intenção de expor alguns posicionamentos teóricos que consideramos importantes para o estudo das diferenças entre as tendências que marcam o processo de alfabetização em nossas escolas.

Ao tratarmos dos conceitos de leitura que são importantes para os estudos teóricos e para as práticas pedagógicas no processo de alfabetização, cabe lembrar as distinções, bastante presentes na literatura especializada, feitas por pesquisadores, dentre os quais Grunderbeeck (1994: 7-8), Solé (1998: 23) e Prat i Pla (2001), entre os modelos que explicam a leitura – os modelos classificados como *bottom up* – ascendentes ou sequenciais – e os modelos *top down* – descendentes ou simultâneos.

Os modelos ascendentes ou sequenciais

Para Leroy-Boussion e Dupessey (1968: 183), ler é reconstruir um enunciado verbal a partir de sinais que correspondem a unidades fonéticas da língua e, ao mesmo tempo, compreender o significado da mensagem decifrada.

A ocorrência da reconstrução do enunciado verbal é aqui indicada como concomitante à compreensão do sentido da mensagem, porém a reconstrução é colocada logo no início da definição. Outros enfoques não acentuam essa tradução oral como condição para entender o texto escrito.

Ler, segundo Inizan (1962: 267), "é reconhecer em seu aspecto gráfico palavras familiares, e é também decifrar palavras desconhecidas. É pronunciar os elementos de um texto, mas é também compreendê-los silenciosamente".

Esta definição cita diversas atividades ou estratégias de leitura como indicam as expressões "reconhecer", "decifrar", "pronunciar os elementos de um texto" e "compreendê-los silenciosamente".

Inizan (1993: 53) assinala que ler é apreender o pensamento colocado no escrito, com a condição de que isto aconteça sem que este pensamento tenha sido antes revelado. Se a criança ouvir uma leitura deste escrito, quando por sua vez o enunciar ela não lê, eventualmente aprende a ler.

Esta definição, ao contrário da anterior, coloca a compreensão (apreensão do pensamento, do sentido) a partir da escrita, não menciona a reconstrução do enunciado verbal, como parte integrante da leitura, como necessária para atingir o sentido do texto. Referência à oralização é feita no tocante a uma possível situação de aprendizagem, se a criança ouvir e depois enunciar, ela não lê, eventualmente aprende a ler.

O conceito da leitura como transformação de sinais gráficos nas sonorizações a eles correspondentes, ou seja, como transformação da escrita em fala mental ou oralizada para atingir o sentido do que se lê, é compatível com o conceito de escrita como codificação da língua oral. Este enfoque de escrita como transcrição da língua oral envolve o entendimento de que ao escrever registramos as características do código oral.

Com referência à leitura, Liberman e Shankweiler (1989: 24) discordam quanto à utilização da expressão "correspondências entre sons e letras" porque consideram que não se trata de associações entre formas visuais e sons, mas da fonologia da língua. Entendem por fonologia os sistemas de representação pelos quais os seres humanos produzem e memorizam um número indefinido de palavras com algumas dezenas de fonemas. É esta organização que permite a construção de um conjunto imenso de palavras, que sempre pode ser aumentado, com algumas dezenas de elementos abstratos. A palavra é uma estrutura fonológica: quando nós a percebemos, identificamos essa estrutura, pois a fala não reproduz uma a uma as unidades fonológicas que a compõem.

Segundo os modelos ascendentes, o leitor, diante do texto, focaliza os seus elementos em um processo sequencial. O comportamento leitor é considerado preso ao texto; a identificação de letras, de sílabas, de palavras e as decodificações dos sons constituem pré-requisitos para a compreensão: para compreender é preciso analisar detalhadamente os sinais gráficos.

Os modelos descendentes ou simultâneos

Há pesquisadores que, em contraposição aos modelos sequenciais, adotam outra perspectiva teórica. Explicam a leitura de modo diferente, valorizam mais o papel do leitor, considerando que este possui uma bagagem de conhecimentos organizados que utiliza juntamente com seus recursos cognitivos para formular hipóteses sobre o conteúdo do texto. Modelos como este são denominados *top down*, descendentes ou simultâneos, porque na leitura a compreensão orienta o reconhecimento de palavras e a observação do texto ajuda o leitor na confirmação ou negação de suas hipóteses. O enfoque da leitura como atividade ideovisual, não como escrito falado, desvincula a leitura da decifração oral.

Os procedimentos básicos de leitura consistem na elaboração de hipóteses e na realização de inferências que conduzem à antecipação e à compreensão do conteúdo de um texto, à identificação de palavras sem o enfoque de letra por letra.

A leitura é vista como atribuição de sentido ao texto, mediante um processo de formulação de hipóteses e antecipações, no qual também intervêm as intenções do leitor que o conduzem a realizar a leitura. De acordo com esses modelos, tanto os leitores iniciantes como os experientes procuram confirmar, ou negar, as suas hipóteses sobre o escrito.

O enfoque da leitura como processo no qual o leitor utiliza as marcas gráficas (visíveis) para formular hipóteses sobre o sentido do texto e para confirmar ou anular essas hipóteses é solidário ao enfoque que não prende a escrita ao código oral. Segundo Charmeux (1976: 51), o sistema de sinais da escrita corresponde à organização ortográfica do discurso e aparece sob a forma de marcas, essencialmente visíveis, sem correspondências exatas na língua oral. A língua escrita (que é feita para os olhos) e a ortografia favorecem a compreensão.

Para Jolibert (1994: 15)

> Ler é atribuir diretamente um sentido a algo escrito. Diretamente, isto é, sem passar pelo intermédio:
> – nem da decifração, letra por letra, sílaba por sílaba, palavra por palavra;
> – nem da oralização (nem sequer grupo respiratório por grupo respiratório).
> Ler é questionar algo escrito como tal a partir de uma expectativa real (necessidade-prazer) numa verdadeira situação de vida.

A leitura, segundo Foucambert (1976: 83), é ideovisual; os signos escritos remetem diretamente a um sentido. Esta realidade é às vezes encoberta pelo fenômeno da pronúncia. A pronúncia acompanha a leitura: ela vem após o reconhecimento, não a precede nem é condição para que a leitura ocorra.

A possibilidade de apreender o significado com base no escrito, sem a passagem deste escrito para a língua oral que pode acompanhar, mas não integra o ato de ler, indica a realização de outras atividades, responsáveis pela compreensão da leitura.

A extração de informações a partir da escrita é explicada por Foucambert (1994: 79-87) mediante os processos de identificação e de antecipação.

A identificação é atribuída à intervenção da memória de milhares de palavras escritas, que permite ao leitor ligar rapidamente uma significação a uma forma ou a um conjunto de formas escritas. Esta ideia envolve a admissão da existência de milhares de palavras escritas estocadas na memória, como ocorre com milhares de formas orais. O sistema fonético é visto como econômico para a escrita, não como princípio para o funcionamento da leitura.

O contexto, a natureza das últimas palavras lidas e a busca de informações – que norteia a leitura – conduzem à antecipação da palavra seguinte. O conhecimento do leitor sobre as palavras escritas e as possibilidades de ocorrência de determinadas palavras no texto interferem na identificação.

A identificação e a antecipação são consideradas como aspectos indissociáveis. Baseiam-se nas formas escritas e nas relações das palavras entre si. O significado é extraído da organização das palavras.

A leitura é um equilíbrio entre os processos de identificar e o de verificar as antecipações feitas, cuja intervenção varia de acordo com o lugar que a palavra ocupa na frase, com a sua forma e frequência, com o grau de familiaridade do leitor com o assunto do texto etc... Identificar palavras uma a uma, esquecendo-as, não é ler. A compreensão de palavras isoladas é insuficiente. Elas devem ser organizadas entre si formando uma significação, e é isto que permanece na memória, enquanto as palavras que a provocaram "desaparecem".

Ao encontrar palavras novas, o leitor as incorpora ao significado, transformando-o, compondo uma nova significação.

As explicações aqui apresentadas, propostas por Foucambert (1994: 79-87), sobre os processos de identificação e de verificação de antecipações, ou sobre as hipóteses do leitor, acentuam o papel que este, com sua intencionalidade, desempenha na leitura. Essas explicações oferecem subsídios para compreender e justificar as possibilidades de interação com o texto (variáveis de acordo com o desenvolvimento do aprendiz), consideradas fundamentais pela abordagem construtivista. Ao destacarem o papel da compreensão no processo leitor, essas explicações distanciam-se do enfoque da leitura como decifração, resultante de memorização decorrentes de repetições. Os modelos de leitura – ascendente e descendente – são criticados. Chauveau (2001) considera a decodificação e a leitura ideovisual como deficientes. Argumenta que os adeptos da abordagem fônica pretendem reduzir a leitura à decodificação, e, no entanto, os processos de tratamento de informação não constituem leitura. Argumenta também que os adeptos da explicação da leitura como ideovisual a focalizam como processo exclusivamente visual, isto é, sem referência à língua oral, colocando a decodificação ou decifração como opostas à verdadeira leitura.

Os modelos interativos

As restrições feitas às abordagens ascendentes e descendentes fundamentam a proposição das abordagens interativas na leitura. Estas atribuem à escrita dimensões culturais, funções sociais e funcionamentos diversos dos da língua oral, porém a ela vinculados. Nesses enfoques, a escrita e a língua oral são vistas como realizações de um mesmo sistema linguístico.

Os modelos interativos explicam o comportamento leitor como integração, síntese de diferentes estratégias. Na leitura, a decodificação e a compreensão são concomitantes, coexistem na aplicação de estratégias ascendentes e descendentes. Ao ler, o indivíduo constrói o significado do texto, colocando em ação todos os seus conhecimentos, entre os quais os referentes às correspondências entre elementos visuais e sonoros e as suas intenções ao realizar a leitura.

Sobre este assunto, Solé (1998: 24) observa:

> O modelo interativo não se centra, exclusivamente, nem no texto, nem no leitor, embora atribua grande importância ao uso que este faz de seus conhecimentos prévios para a compreensão do texto. Nesta perspectiva, e simplificando ao máximo, o processo de leitura viria ser o seguinte. Quando o leitor se situa perante o texto, os elementos que o compõem geram nele expectativas em diferentes níveis (o das letras, o das palavras...) de maneira que a informação que se processa em cada um deles funciona como input para o nível seguinte; assim, através de um processo ascendente, a informação se propaga para níveis mais elevados. Mas, simultaneamente, visto que o texto também gera expectativas em nível semântico, tais expectativas guiam a leitura e buscam sua verificação em indicadores de nível inferior (léxico, sintático, grafo-tônico) através de um processo descendente. Assim, o leitor utiliza simultaneamente seu conhecimento do mundo e seu conhecimento do texto para construir uma interpretação sobre aquele.

Posicionamento semelhante ao de Solé é apresentado por outros autores, cujos conceitos de leitura variam de acordo com o peso que atribuem às estratégias ascendentes ou descendentes.

No entender de Brissiaud (2001: 49-50), na identificação de palavras é valido utilizar o contexto (para ver se este confirma, ou não, uma hipótese) ou utilizar a correspondência entre sons e grafias. Os processos descendentes (a compreensão) e os processos ascendentes (acesso à forma sonora das palavras, a partir de sua grafia) não têm valor simétrico. São os primeiros que permitem o controle das atividades e os segundos são apenas um dos componentes da leitura. Esta é entendida envolvendo ao mesmo tempo decodificação e compreensão.

A explicação de leitura como um processo que ocorre mediante combinação de estratégias que interagem também é adotada por Prat i Pla (2001: 93-102) que, considerando a leitura como um comportamento inteligente em que o leitor focaliza um texto para obter significado com um papel ativo, assinala que as principais operações efetuadas pelo leitor são:

> de ordem decrescente (do sentido ao texto, *top down*) e ascendente (do texto ao sentido, *bottom up*). As estratégias básicas de ordem decrescente na leitura são a elaboração de hipóteses e as *inferências*. São estratégias que nos permitem antecipar e compreender o conteúdo de um texto, encontrar a lógica de uma explicação, adivinhar palavras sem ter de analisar cada letra.

Destacam-se nestas afirmações a combinação dinâmica de estratégias ascendentes e descendentes que o leitor põe em ação. Estas estratégias são focalizadas em termos de elaboração de hipóteses e inferências que conduzem à compreensão do sentido do texto e, também, à adivinhação de palavras.

No entender de Pontecorvo (2003: 128):

> Hoje, a língua escrita não é considerada como simples transcrição gráfica, ou visual-ortográfica da língua oral, em decorrência o domínio do código alfabético é uma condição necessária, mas não suficiente, para o acesso direto aos textos escritos.

Essas afirmações sobre o papel e as limitações do domínio do código alfabético na leitura apontam para modalidades de ensino que abranjam a leitura e a escrita em toda a sua complexidade, sem descartar o acesso ao código alfabético em suas relações com a língua oral. Porém este enfoque da leitura como processo que combina estratégias sequenciais e simultâneas conduziria ao enfoque da escrita como codificação gráfica (visual) do código oral?

Alguns olhares sobre a leitura e escrita – implicações para o ensino

Sobre apresentação do conceito de escrita como "código gráfico" e o da língua falada como "código oral", supondo-se que se referiam ao um mesmo objeto "língua", Blanche-Benveniste (2003: 13) assinala:

> Dentro dessa perspectiva, a língua era considerada implicitamente como um dado prévio, presumivelmente homogêneo, e não sujeito à influência dos "códigos". A escrita era um simples instrumento, desprovido de existência autônoma e encarregado exclusivamente de fazer a transposição da língua, sem fazer nenhuma influência sobre ela. Tratava-se de uma redução considerável do papel da escrita. Nessa maneira de apresentar a escrita, talvez existisse um artifício didático considerado útil para a escola [...].

A questão, aqui colocada, da simplificação do enfoque dado à escrita como um artifício de natureza didática ocorreria para evitar no ensino a complexidade do processo de escrever, de produzir textos, por exemplo? A memorização das regras de transposição de um código para outro mostra-se como caminho "mais prático".

Sobre as diferenças entre a escrita e a oralidade, Ferreiro assinala na introdução do livro *Narrar por escrito do ponto de vista de um personagem* (Ferreiro e Siro, 2010: 9-12) o seguinte:

> Custou-me muito superar a ideia (aparentemente correta) de que a escrita nada mais faz do que representar unidades preexistentes na oralidade (ou seja, as letras representariam os fonemas; os conjuntos de letras, as palavras; as orações, as unidades de sentido completo e assim por diante). Não me atrai pensar que a criança represente a comunicação oral, nem sequer num sentido metafórico. Em vez disso, acredito que, por meio desses deslizamentos – que sempre privilegiam a oralidade em detrimento da escrita –, o que se consegue é obscurecer o sentido específico da escrita (como ato e como resultado).
>
> [...]
>
> Defendi durante anos a especificidade da escrita justamente por meu objeto de estudo: a gênese desta prática nas crianças. As dificuldades que elas enfrentam para se apropriar desse objeto, produto da história e da cultura, são incompreensíveis se partirmos da ideia de que o ato de escrever nada mais faz do que representar (como um reflexo) as unidades e relações preexistentes na oralidade, sustentei também que a escrita é representação, mas num sentido diferente: é uma representação que resulta de uma reconstrução do objeto, em outro nível.

As afirmações de Blanche-Benveniste (2003: 13) e as de Ferreiro, anteriormente apresentadas, suscitam reflexões, dentre elas as referentes às decorrências da especificidade da escrita para o ensino. Admitir essa especificidade coloca, por um lado, a necessidade de o trabalho pedagógico cuidar dessa representação, ao invés de restringir-se à memorização da reprodução gráfica das unidades da língua oral; por outro lado, há a questão da continuidade, do desenvolvimento da escrita, o que, também, exige cuidados. Esta diferença pode ser mais bem aquilatada com a introdução e o desenvolvimento da produção textual no ensino. Os enfoques mais sofisticados de leitura, também, propõem ao ensino encargos mais complexos do que o de ensinar a traduzir a escrita para a língua oral.

Há enfoques da leitura em que esta é considerada de modo mais amplo, como atividade em que a ação do leitor vai muito além dos procedimentos por ele utilizados para tratar das informações registradas no texto. Carvajal Pérez e Ramos García (2001: 49), considerando as contribuições de outros pesquisadores, assinalam que a leitura é ferramenta para compreender o mundo, é interpretar e compreender ativa e criticamente uma mensagem por meio de um processo dialógico, no qual a experiência, o conhecimento, as ideias de que o leitor dispõe interagem com as informações proporcionadas pelo texto e pelo contexto no qual ocorre este processo. E assinalam:

> A leitura como instrumento útil de interpretação cultural favorece a apropriação da experiência e o conhecimento humano em um processo dialógico, mediante o qual o leitor tem acesso de forma dialética a outras informações, pontos de vista representações, versões, visões, concepções de mundo...

Ressalvam, porém, que a leitura é mais que isso:

> é um instrumento útil para aprender de modo significativo, assim como para aproximar os alunos (e todos os seres humanos) da cultura – ou múltiplas culturas –, para aumentar a própria cultura e, sobretudo, para desenvolver um tipo particular de raciocínio reflexivo.

Nesta perspectiva adotada por Carvajal Pérez e Ramos García (2001: 49), a leitura constitui-se como ferramenta para interpretar o vivido, o percebido pelo sujeito-leitor, mediante diálogos que ele estabelece com o texto. Nestes diálogos, o leitor interpreta, reflete, faz inferências, utilizando o contexto em que o texto se insere e os instrumentos que elaborou em suas vivências culturais; vai muito além da simples decifração. Ao mesmo tempo em que interage, estabelecendo relações dialógicas com o texto e seu autor, o leitor desenvolve não apenas os próprios conhecimentos como amplia as alternativas para focalizar o objeto da leitura e de suas experiências, segundo diferentes perspectivas, enriquecendo sua maneira de interpretar o mundo e suas experiências de vida.

Contudo, os autores assinalam: "Mas essa leitura reflexiva só é adquirida com experiências de leitura significativa, aquela que satisfaz necessidades reais e insere-se em uma prática social." (2001: 50). Este enfoque de leitura envolve um conceito de escrita que vai além da transcrição gráfica de elementos da língua oral. A escrita

> é uma construção cultural útil para registrar e recordar experiências, acontecimentos, representações culturais, manifestar sentimentos, emoções, fantasias, para construir diferentes interpretações da realidade pessoal, social, cultural, política, científica etc. (2001: 50).

Como é possível observar, os conceitos de leitura e de escrita, anteriormente apresentados, apoiam-se reciprocamente. Mas quais são as leituras cujo aprendizado a escola propõe para seus alunos?

Segundo os Parâmetros Curriculares Nacionais de Língua Portuguesa (Brasil, 1998: 69-70):

> A leitura é o processo no qual o leitor realiza um trabalho ativo de compreensão e interpretação do texto, a partir de seus objetivos, de seu conhecimento sobre o assunto, sobre o autor, de tudo que sabe sobre a linguagem etc. Não se trata de extrair informação, decodificando letra por letra, palavra por palavra. Trata-se de uma atividade que implica estratégias de seleção, antecipação, inferência e verificação, sem as quais não é possível proficiência. É o uso desses procedimentos que possibilita controlar o que vai sendo lido, permitindo tomar decisões diante de dificuldades de compreensão, avançar na busca de esclarecimentos, validar no texto suposições feitas. (Brasil, 1998: 69-70)

O exame do conceito de leitura apresentado nos Parâmetros Curriculares revela que este se aproxima da abordagem dialógica, da leitura reflexiva de que falam Carvajal Pérez e Ramos García. Mas toda leitura é reflexiva, é dialógica?

Koch e Elias (2006), fundamentando-se na perspectiva teórica baktiniana, atribuem ênfase na interação do leitor e seus conhecimentos com o autor e o texto, cujo sentido é construído conforme as marcas feitas pelo autor no texto e as constituídas na leitura pelo leitor. Neste enfoque é atribuído papel ativo ao processo leitor. Contudo, distinguem o enfoque da leitura presa ao pensamento do autor materializado no texto da leitura focalizada no texto e distinguem ambos da leitura focalizada na interação autor-texto-leitor.

Na primeira concepção, a língua é entendida como a representação do pensamento do autor construtor de uma representação mental que deve ser captada pelo leitor. O texto constitui o produto lógico do pensamento do autor e a leitura, o acesso às suas ideias. Deste modo, o sentido do texto fica centrado no autor, cabendo ao leitor um papel passivo.

Na segunda concepção, a leitura é centrada no texto, a língua é entendida como código, instrumento de comunicação, e o texto, como produto de codificação do autor, cabendo ao leitor fazer a decodificação. A leitura é uma atividade na qual o leitor deve focar-se no texto, em sua linearidade e reconhecer o sentido, nas palavras e também na estrutura textual.

Na terceira concepção, a língua é entendida em perspectiva interacionista, dialógica, na qual os sujeitos são concebidos como construtores sociais e ativos, que constroem e são construídos no texto. Este é considerado como lugar privilegiado de interação e constituição dos interlocutores, situado em contexto sociocognitivo dos participantes da interação. O sentido do texto decorre da interação texto-sujeitos. A leitura constitui atividade de produção de sentidos, que, com base nos elementos linguísticos e na organização textual, mobiliza um conjunto de saberes.

O exposto, por um lado, nos revela as modificações dos conceitos de leitura e as diferentes possibilidades para sua ocorrência. A leitura, ao compor-se de atividades cada vez mais complexas e abrangentes, diversifica-se segundo as relações que se estabelecem neste processo entre leitor, autor e texto. Por outro lado, o enfoque da leitura em sua complexidade propõe a questão das escolhas pedagógicas no ensino, uma vez que a decifração, necessariamente, não conduz sequer à compreensão, como revela o contingente de analfabetos funcionais que "leem", mas não compreendem.

Franchi (2012) traz contribuições relevantes ao desenvolvimento do processo de alfabetização ao focalizar as relações entre oralidade e escrita no tocante à questão do enfoque da "norma culta" e da linguagem utilizada pelos alunos. Sobre o assunto, atribui ênfase na significação e na contextualização da escrita desde o início da alfabetização, e assinala:

> O professor não pode desconhecer ao orientar sua prática, no curso dos anos de escolarização, as grandes diferenças entre essas duas modalidades de expressão e comunicação. De fato, como observam inúmeros autores, deve-se criticar a visão tradicional da escrita como representação gráfica ou transposição da oralidade. A primeira diferença, e a mais óbvia, é a de que, embora a escrita se tenha desenvolvido (pelo menos no caso da escrita alfabética) como um simbolismo de segunda ordem do simbolismo sonoro da fala, a relação entre grafias e som

> se torna, historicamente, mais e mais arbitrária em diferentes línguas. Enquanto a escrita tende à fixação dos padrões, a oralidade tende à mudança e à transformação. Uma segunda diferença está no fato de, no texto escrito, ao contrário do discurso coloquial, ficarem reduzidas as informações da situação imediata que ajudam na interpretação: são diferentes as condições de produção, aumenta o grau de planejamento e consciência das opções linguísticas, complica-se vocabulário, requer-se uma tessitura mais complexa e procedimentos de coesão mais exigentes. Além de tudo isso, observe-se ainda que, na sociedade letrada contemporânea, a escrita se tornou um processo de representação e de comunicação relativamente autônomo, independente da fala, servindo a diferentes propósitos e circulando em outro tipo de intercâmbio social. A maioria das vezes, não se fala o que se escreve e não se escreve o que se fala.

As diferenças entre fala e escrita, anteriormente apontadas, marcam o processo de alfabetização; a pesquisadora propõe em seu trabalho, cujas raízes localizam-se em práticas pedagógicas realizadas em sala de aula, encaminhamentos didáticos para questões que preocupam os professores. Questões que nem sempre são consideradas nos cursos de formação docente. Se por um lado não é difícil entender que a leitura não é apenas passagem dos estímulos visuais para as sonoridades, mas constitui um processo que envolve análise e reflexão, por outro lado tratar desse processo no ensino não é tarefa fácil se o professor não estiver preparado para isso. Assim, encontramos no trabalho de Franchi elementos que podem contribuir para a formação docente.

O enfoque da leitura como processo ativo no qual o leitor não é apenas "receptáculo do texto" é ressaltado também por Michel Certeau, em *L'Invention du quotidien* (apud Chartier, 2011). Ao recusar uma concepção "passiva" do processo leitor, este autor considera que a leitura está para a escrita como a recepção está para a produção, já que a escuta se coloca em relação à tomada da palavra como uma atividade, e não como passividade. A leitura é assim colocada como ato que envolve concentração, vigilância e imaginário; o leitor coloca na leitura os seus saberes, seus julgamentos, suas emoções e seus valores.

Sobre as práticas contemporâneas de leitura, focalizadas em uma perspectiva histórica, Chartier (2007: 80), assinala:

> Hoje, "ler é compreender", isto é, tratar os dados contidos em um texto, extrair as informações principais, que variam segundo a utilização que o leitor faz do texto. Ler é passar da letra do texto a esta "compreensão global" que seleciona, hierarquiza, reúne as informações dispersas (na página, no capítulo, no livro), em função de outras informações já memorizadas, em experiências ou outras leituras. Passando de leitura literal a uma compreensão semântica, o leitor "re-

formula" o texto e "esquece" sua palavra por palavra. Sabemos até que ponto este distanciamento é difícil para os leitores fracos, sobretudo se sua leitura literal for contaminada por falsos sentidos sobre as palavras, incertezas sobre as frases. A mensagem em seu todo fica frágil e eles não chegam a hierarquizar as informações, nem formular uma representação global do texto.

O exame dos diversos enfoques da leitura aqui apresentados mostra que, a partir das correspondências entre elementos gráficos e os elementos da língua oral, portanto, em uma perspectiva teórica centrada na relação entre códigos, a participação do leitor é progressivamente ampliada, estendendo-se num raio de ação cada vez maior para atingir esferas cada vez mais distantes, seja quanto ao aprofundamento dessa participação, seja quanto à inclusão de contextos sociais e culturais nessa interação. *Pari passu* com a ampliação e a crescente complexidade do conceito de leitura, desenvolve-se o enfoque da escrita.

O contraste entre os diversos enfoques de leitura e escrita mostra diversificações conceituais, um percurso em direção às abordagens que destacam a complexidade desta atividade. Diversos enfoques não mais privilegiam o estabelecimento de correspondências associativas entre letras e sons, ou entre pronúncia e grafia de sílabas isoladas, sem significado. Destacam na leitura o processo de exploração de textos em busca de seu sentido, e a interação leitor, texto e autor. Este percurso revela um distanciamento entre os vários enfoques que se desdobra em diferentes decorrências para as escolhas pedagógicas implícitas no processo de alfabetização.

Algumas questões que merecem mais estudos emergem do exame dos conceitos aqui expostos. Uma dessas questões refere-se aos enfoques, apresentados por alguns autores, que acentuam o aspecto "inteligente" do processo leitor, mas destacam a função das estratégias sequenciais na leitura. O domínio do código alfabético então é visto como, praticamente, indispensável para que o indivíduo possa aprender a ler. Em decorrência, o papel do ensino desse código é valorizado, desde o início do processo de alfabetização. Neste contexto, outra questão solicita reflexões aos professores e pesquisadores sobre a conceituação de leitura: os enfoques de leitura que desenvolvemos vinculam-se ao modo pelo qual aprendemos a ler? Vinculam-se às atividades que nos foram solicitadas no processo de alfabetização?

Referências

BENTOLILA, A. *De l'illetrisme en general et à l'école en particulier*. Paris: Plen, 1996.

BLANCHE-BENVENISTE, C. A escrita irredutível a um código. In: FERREIRO, E. et al. *Relações de (in)dependência entre oralidade e escrita*. Trad. Ernani Rosa. Porto Alegre: Artmed, 2003.

BRASIL. Secretaria de Ensino Fundamental. *Parâmetros Curriculares Nacionais*: língua portuguesa. Brasília: MEC, 1998.

BRISSIAUD, R. La capacité à "faire parler le context": quelle contribution à la réussite? In: CHAUVEAU, G. (org.). *Comprendre l'enfant apprenti lecteur*: recherches actuelles en psychologie de l'écrit. Paris: Retz, 2001.

CAVAJAL PÉREZ, F.; RAMOS GARCÍA, J. *Ensinar ou aprender a ler e a escrever?* Trad. Cláudia Schilling. Porto Alegre: Artmed, 2001.

CHARMEUX, E. Construire une pédagogie de la lecture. In: BENTOLILA, A. (ed.). *Recherches actuelles sur l'enseignement de la lecture*. Paris: Retz, 1976.

CHARTIER, A. M. *L'École et la lecture obligatoire*: histoire et paradoxes des pratiques d'enseignement de la lecture. Paris: Retz, 2007.

_______. 1980-2010: trinta anos de pesquisas sobre a história do ensino da leitura. Que balanço? In: MORTATI, M. R. L. *Alfabetização no Brasil*: uma história de sua história. Marília: Cultura Acadêmica, 2011.

CHAUVEAU, G. Dynamiques école-famille-quartier et reussite en lecture au cours préparatoire. In: ALVES MARTINS, et al. (eds.). *La Lecture pour tous*. Paris: Armand Colin, 1993.

_______. Apprendre a lire et entrer dans la culture écrite. In: CHAVEAU, G. *Comprendre l'enfant apprenti lecteur*: recherches actuelles en psychologie de l'écrit. Paris: Retz, 2001.

FERREIRO, E. et al. *Relações de (in)dependência entre oralidade e escrita*. Porto Alegre: Artmed, 2003.

_______; SIRO, A. *Narrar por escrito do ponto de vista do personagem*: uma experiência de criação literária com crianças. Trad. Luís Reyes Gil. São Paulo: Ática, 2010.

FOUCAMBERT, J. Apprentissage et enseignement de la lecture. In: BENTOLILA, A. (ed.). *Recherches actuelles sur l'enseignement de la lecture*. Paris: Retz, 1976.

_______. *La Manière d'éntre lecteur*. Toulouse: Richaudeau, 1994.

FRANCHI, I. *Pedagogia do alfabetizar letrando*: da oralidade à escrita. São Paulo: Cortez, 2012.

GRUNDERBEECK, N. V. *Les dificultés en lecture*: diagnostic et pistes d'intervention. Montreal: Gaëtan Morin Editeur, 1994.

INIZAN, A. Le Temps d'apprendre à lire. *Enfance* n. 3, 1962, pp. 224-38.

_______. De L'échec à la réussite par la didactique. In: ALVES MARTINS et al. (eds.). *La Lecture pour tous*. Paris: Armand Colin, 1993.

JOLIBERT, J. (coord.). *Formando crianças leitoras*. Trad. B. C. Magne. Porto Alegre: Artes Médicas, 1994.

KOCH, I. V.; ELIAS, V. M. *Ler e compreender*: os sentidos do texto. São Paulo: Contexto, 2006.

LEROY-BOUSSION, A; DUPESSEY, C. Apprentissage de la lecture et synthése des sons du langage. Aptude à restructurer un message oral fragmenté en syllabes chez les enfants de 4 a 7 ans. *Enfance* n. 3-4, 1968, pp. 183-217.

LIBERMAN, L.Y.; SHANKWEILER, D. Phonologie et apprentissage de la lecture: une introduction. In: RIEBEN, L.; PERFETTI, C. (orgs.). *L'Apprenti lecteur*. Paris: Delachaux et Niestlé, 1989.

PRAT I PLA, A. Reflexões sobre o modelo de ensino-aprendizagem da leitura e da escrita. In: CAVAJAL PÉREZ, F.; RAMOS GARCÍA, J. *Ensinar ou aprender a ler e a escrever?* Trad. Cláudia Schilling. Porto Alegre: Artmed, 2001, pp. 93-102.

PONTECORVO, C. As práticas de alfabetização escolar: ainda é válido o falar bem para escrever bem. In: FERREIRO, E. et al. *Relações de (in)dependência entre oralidade e escrita*. Porto Alegre: Artmed, 2003.

ROGOVAS-CHAUVEAU, E. Les jeunes enfants et l'entrée dans la culture écrite. In: ALVES MARTINS, M. et al. (eds.). *La Lecture pour tous*. Paris: Armand Colin, 1993.

SOLÉ, I. *Estratégias de leitura*. Trad. Cláudia Schilling. Porto Alegre: Artmed, 1998

VELLUTINO, F. R.; SCANLON, D. M. Les Effets des choix pédagogiques sur la capacité à identifier des mots. In: RIEBEN, L.; PERFETTI, C. (eds.). *L'Apprenti lecteur*. Paris: Delachaux et Niestlé, 1989.

A leitura e a escrita: aprendizagem e ensino

Os conceitos de leitura e escrita, apresentados por diferentes autores, variam. O constraste entre eles mostra que alguns são centrados na relação entre códigos com ênfase nas correspondências dos elementos da língua oral com os da escrita. Outros acentuam a participação do leitor. O papel do leitor é mais e mais ampliado em outros conceitos, tanto com referência ao aprofundamento de sua participação, como com referência à inclusão de contextos sociais e culturais no ato leitor.

Com a ampliação e a crescente complexidade do conceito de leitura desenvolve-se o conceito de escrita. Neste percurso destacam-se, inicialmente, as conceituações que apresentam essas atividades em estreita conexão com a língua oral. Em contraposição, há as que apresentam a leitura como atividade ideovisual em correlação com os enfoques de escrita como portadora de características específicas que a diferenciam do código oral por seus aspectos culturais e suas funções sociais. Outras conceituações também realçam as dimensões culturais e as funções sociais da leitura e da escrita com funcionamentos diversos dos da língua oral, porém a ela vinculados. Neste caso, o processo leitor é visto como a conjugação de estratégias, isto é, como atividade explicada pela interação de abordagens sequenciais e simultâneas.

A estas diferentes maneiras de entender o que sejam a leitura e a escrita relacionam-se a diferentes modalidades do ensino com indicações sobre o seu encaminhamento e o que nele deva ser priorizado.

A conceituação de leitura e de escrita em estreita vinculação com a língua oral conduz à estratégia de ensino que acentua a aquisição do código alfabético. Segundo Bandet (1975: 102), ler é transpor uma série de sinais gráficos em uma série de sons da língua; saber ler é poder efetuar corretamente estas operações; aprender a ler é aprender as leis de decodificação.

Outros pesquisadores afastam-se dessa concepção. A leitura segundo Foucambert (1976: 83) é atividade ideovisual. Aprender a ler é aprender a compreender com os olhos, aprender a utilizar sinais pequenos (uma letra simples, acentos) para formular hipóteses sobre a significação. Nesta perspectiva, cabe ao ensino focalizar a escrita em sua especificidade e a leitura como processo ideovisual. São propostos a inclusão no ensino da exploração textual ativa e o enfoque pedagógico da escrita voltado para seu desenvolvimento de sua construção, sem a ingerência de ensino diretivo do código alfabético, cuja descoberta será uma conquista da criança após sucessivas fases de aproximação da escrita convencional. Porém, no entender de Pontecorvo (2003: 128):

> Hoje, a língua escrita não é considerada como simples transcrição gráfica ou visual da língua oral, em decorrência o domínio do código alfabético é uma condição necessária, mas não suficiente, para o acesso direto aos textos escritos.

As afirmações sobre o papel e as limitações do domínio do código alfabético na leitura apontam para modalidades de ensino que abrangem a leitura e a escrita em suas funções sociais, sem descartar o ensino do código alfabético em suas relações com a língua oral.

Os adeptos das abordagens culturais propõem o ensino voltado para a formação do leitor que consiga colocar na leitura os seus saberes, o seu imaginário, a sua vigilância, os seus julgamentos, as suas emoções e os seus valores. Falar do ato leitor é indicar que não se lê "com os olhos", mas com os saberes, julgamentos, emoções e valores. O leitor não é um simples "receptáculo do texto" como assinala Certeau (apud Chartier, 2011: 49-67).

Em nossas escolas, duas grandes orientações pedagógicas marcam os discursos dos profissionais da educação – o ensino tradicional que ainda predomina nas práticas alfabetizadoras e o construtivismo que se destaca como proposta pedagógica para a inovação do ensino, desde o início da década de 1980. O ensino tradicional focaliza a leitura e escrita em estreita conexão com a língua falada, o que ocorre nos chamados métodos globais ou analíticos e nos métodos sintéticos, mais presentes nas práticas de alfabetização. Nos ambientes escolares, por vezes, a denominação construtivismo é aplicada a metodologias que apenas se distanciem um pouco da silabação.

Didática tradicional e construtivismo divergem em muitos aspectos; a rigor propõem caminhos diferentes para o trabalho pedagógico. Cada uma dessas tendências teóricas fundamenta-se em determinados conceitos de leitura e de escrita, de aprendizagem e de ensino. Em uma mesma perspectiva teórica, estes conceitos são interdependentes e solidários, o que nem sempre ocorre nas práticas pedagógicas. As diferenças conceituais, também, nem sempre são consideradas nos discursos sobre o ensino que ocorrem nos meios escolares.

Dentre as contribuições teóricas referentes à leitura e sua aquisição Fijalkow (2000: 80-101) distingue as concepções funcionalista, genético-construtivista e socioconstrutivista. Vejamos em que consiste, em seu entender, cada uma dessas concepções.

Contribuições teóricas: a proposição funcionalista e as construtivistas

No plano epistemológico, o funcionalismo é empirista – o processo de aprendizagem é visto como sendo dirigido do exterior à mente do indivíduo. As pesquisas funcionalistas sobre a aquisição da escrita são marcadas pela ênfase no enfoque linguístico. A aprendizagem é considerada como resultante da acumulação de conhecimentos sucessivos (sobre o objeto de estudo – a escrita), fornecidos por quem ensina. Assim, a aquisição da escrita depende, essencialmente, da maneira pela qual a língua é apresentada ao aprendiz, e será tanto mais eficiente quanto mais o ensino se amoldar às suas propriedades. Ao acentuar as propriedades da língua, o ensino realça a sua composição fônica.

O estudo do aprendizado da escrita focaliza as apropriações pela criança das correspondências grafo-fonéticas. As dificuldades na aprendizagem são consideradas como disfunções – dislexia, por exemplo.

No construtivismo, Fijalkow (2000: 80-101) destaca duas vertentes – uma genética e outra não genética – que se diferenciam pelas ideias sobre o processo de aquisição da escrita. Na vertente genética, este processo é estruturado em etapas, cuja sequência é considerada comum a todos os indivíduos, segundo as pesquisas feitas por Ferreiro e Gomez-Palacio (1988) e aquelas referentes à escrita inventada. Nestas pesquisas são focalizados o processo cognitivo e as atividades realizadas pelas crianças na apropriação da escrita, não a leitura feita pelo leitor hábil, como ocorre na abordagem funcionalista. Isso caracteriza a oposição dessa concepção ao funcionalismo, segundo o qual a aquisição da escrita consiste na acumulação de conhecimentos sucessivos fornecidos pelo ensino e memorizados pela criança.

As crianças em suas ações sobre escrita redescobrem os seus elementos e as regras que a regem. Essas ações envolvem reflexão cognitiva, considerada o verdadeiro motor da aprendizagem. São os fatores internos ao sujeito, não os externos (provenientes do meio ambiente), que dirigem a aquisição. O sujeito formula hipóteses sobre a escrita; modifica as hipóteses que se mostram inadequadas e mantém as que são consideradas apropriadas. De hipótese em hipótese, as representações feitas pelo sujeito aos poucos correspondem à realidade linguística. A análise dos "erros" é utilizada para averiguar o que eles revelam quanto aos processos cognitivos a eles subjacentes.

O objeto central das pesquisas é a apropriação da escrita. No plano epistemológico, essa concepção é racionalista. O processo progressivo de aquisição da escrita acontece em uma mesma sequência e depende das ações dos sujeitos referentes à escrita como o seu objeto de conhecimento. A apropriação da escrita é vista como aprendizagem cognitiva que ocorre em função do desenvolvimento da inteligência da criança. De acordo com o construtivismo genético, as contingências externas podem afetar a velocidade desse desenvolvimento, não sua estrutura ou sequência.

Segundo o socioconstrutivismo, a apropriação da escrita pelas crianças também é considerada resultante das atividades do indivíduo, mas o desenvolvimento da escrita não é visto como processo que ocorra em ordem constante. A aprendizagem da língua escrita pela criança é vista em função do contexto, isto é, dos fatores, sobretudo os de natureza linguística, pedagógica e didática. O sujeito é considerado o ator da aquisição da escrita, mas é reconhecida a influência do ambiente, em termos de variáveis linguísticas ou didáticas.

A ênfase no contexto pode ser entendida de dois modos diferentes. O primeiro considera que, em certos contextos, certas potencialidades cognitivas do ser humano são solicitadas, ao passo que outras potencialidades são solicitadas em outros contextos. O bebê inicialmente emite vocalizações de todo tipo e aos poucos as reduz, selecionando-as de acordo com a língua utilizada em seu meio ambiente. A criança ao aprender a ler seleciona, entre as suas múltiplas potencialidades cognitivas, aquelas cuja utilização o seu meio ambiente mais solicita ou lhe permite utilizar.

Segundo Fijalkow (2000: 80-101), outro modo de considerar o contexto aproxima-se da teoria de Vygotsky. Toda a atividade cognitiva é vista como proveniente do contexto social; a princípio ela é atividade social, interpsíquica, antes de tornar-se intrapsíquica. Segundo esse conceito de interiorização, os processos cognitivos são de natureza secundária, não de natureza primária como são entendidos no construtivismo genético. No socioconstrutivismo, a aquisição da língua escrita não é entendida como condicionada nem pelo desenvolvimento geral do pensamento lógico, nem pelo desenvolvimento específico, resultante da reflexão da criança sobre a escrita. Trata-se também de uma construção, mas de uma construção social, cujo desenvolvimento pode variar de acordo com o seu contexto.

A posição epistemológica correspondente a esta vertente é a do interacionismo ou racionalismo relativo, pois a aquisição da escrita não é vista como totalmente dependente de fatores externos nem internos, mas da interação de fatores internos e externos. Portanto, a aquisição da escrita resulta, por um lado, de fatores linguísticos, pedagógicos e didáticos, e por outro lado, de fatores internos ao ser humano.

A concepção socioconstrutivista difere da genético-construtivista ao acentuar que as atividades cognitivas podem variar de acordo com o contexto; privilegia a análise dos possíveis efeitos das variáveis contextuais nas etapas de aquisição da escrita no que tange às estratégias, hipóteses e as representações a elas correspondentes.

No entender de Fijalkow (2000: 80-101), o modelo de referência da concepção socioconstrutivista é o de uma construção psicossocial – a aquisição de uma técnica cognitiva que pode variar com o contexto linguístico ou pedagógico no qual a criança se insere. Este modelo difere da dependência do aporte pedagógico que caracteriza a abordagem funcionalista; difere também do desenvolvimento da escrita entendido como evolução que ocorre em sequência universal, entendimento esse característico da abordagem genético-construtivista.

O ensino

A alfabetização em nossas escolas, apesar de ter sofrido o impacto resultante da instituição do construtivismo para orientar o ensino público paulista, não abandonou as práticas tradicionais. A proposta construtivista chegou ao professorado, sobretudo com a descrição da psicogênese da escrita, fundamentada nos trabalhos de Ferreiro e colaboradores.

O retrospecto do processo vivido pelos integrantes do magistério nesta época revela, dentre outras reações, a de perplexidade, juntamente com interpretações diversas dessa proposta. Porém este impacto atingiu mais o terreno das opiniões e dos debates do que propriamente o espaço das práticas pedagógicas em sala de aula.

A distinção feita por Fijalkow entre as concepções funcionalista, genético-construtivista e socioconstrutivista ajuda a aclarar, pelo menos em parte, este processo.

A concepção funcionalista é vinculada por Fijalkow (2000: 80-101) ao empirismo e à didática tradicional, e também é vinculada a uma postura epistemológica por Aebli (1971).

Os procedimentos adotados na didática tradicional destacam-se pela:

- ênfase no enfoque linguístico do processo de aquisição da escrita;
- visão da aprendizagem como resultante da acumulação de conhecimentos, transmitidos aos alunos;
- ênfase na seleção e organização do objeto de ensino, tomando-se como critério as propriedades da língua;
- a ênfase nas correspondências entre as grafias e as sonoridades.

Estes procedimentos são também acentuados no processo de apropriação da escrita pelas crianças, segundo a abordagem funcionalista.

A distinção entre as concepções genético-construtivista e socioconstrutivista coloca em pauta a diversidade de ênfase que elas atribuem ao sujeito e ao objeto do conhecimento, embora ambas, em nosso entender vinculem-se ao interacionismo. Essas diferenças teóricas propiciam o desenvolvimento de contribuições para a realização do trabalho pedagógico, como ocorre, por exemplo, com a pedagogia por projetos, segundo a proposta de Jolibert e colaboradores, que contribui para aproximar vários professores do construtivismo. Por isso entendemos que entre nós seja mais apropriado falarmos em tendências construtivistas para abrigar as diferentes perspectivas pedagógicas vinculadas ao construtivismo.

Didática tradicional *versus* tendências construtivistas

Cada uma dessas duas grandes tendências apresenta mais do que uma vertente e difere da outra em muitos aspectos; a rigor elas propõem caminhos diversos para a realização do trabalho pedagógico e correspondem a determinados conceitos de leitura e de escrita, de aprendizagem e de ensino.

As diferenças entre o ensino tradicional, no qual se incluem os clássicos métodos de ensino, e as novas perspectivas metodológicas manifestam-se sobretudo nos encaminhamentos didáticos do ensino com a mudança do eixo das atividades de professores e alunos. Os métodos tradicionais baseiam-se na organização antecipada do ensino, na seleção pelo professor do material em que este se apoia (em ordem bem definida) e nas atividades previstas para um "aluno médio ideal", que todas as crianças devem realizar, segundo um padrão predeterminado.

A aplicação da proposta construtivista envolve a incorporação no ensino dos enfoques dados pelos alunos ao objeto de estudo, desde o início do processo de alfabetização. As suas interações com a escrita indicam para os professores reestruturações das situações didáticas para sua adequação às manifestações discentes no decorrer das aulas.

Neste texto, sem qualquer pretensão de esgotar assunto tão complexo, focalizamos o processo de alfabetização em relação aos diferentes enfoques de aprendizado e de ensino e aos conceitos de leitura e de escrita a eles correspondentes.

A leitura, a escrita e o ensino tradicional

No ensino tradicional a escrita é considerada como transcrição da língua oral, o que envolve a compreensão de que ao escrever registramos as características do código oral. Assim, ao escrever representaríamos os sons de consoantes e vogais (fonemas) e os de suas combinações – as sílabas que formam a palavra. A ordem dos fonemas afeta a sílaba e a ordem destas afeta a palavra e seu significado.

O tempo que marca a língua oral é representado na escrita com a disposição espacial das marcas gráficas na página e pela ordem das letras, das sílabas, das palavras etc. Os estímulos sonoros e a percepção auditiva da língua oral na escrita são substituídos pelos sinais gráficos e pela percepção visual.

A aprendizagem da leitura, correspondente ao conceito de escrita como transcrição visual da língua oral, é focalizada por Leroy-Boussion (1967: 28) em termos da individualização dos fonemas correspondentes às letras. Isto pressupõe que a criança saiba discriminar e reproduzir esses fonemas na fala habitual, quando fazem parte de um conjunto de significações, e discriminar também as letras.

A importância da identificação dos elementos da língua falada para o estabelecimento de correspondências com os sinais gráficos é apontada por Lefèvre (1964: 43) ao observar que, desde sua entrada para a escola, a criança experiencia em nível inconsciente os sinais e a estrutura básica da língua que fala. Deste modo o ensino da leitura e da escrita deve começar com o desenvolvimento da consciência dos mesmos em relação ao sistema gráfico.

Segundo Inizan (1993: 53):

> [...] aprender a ler, para quem sabe falar, é adquirir as modalidades de transcrição de sua língua, é adquirir como se escreve o que sabe dizer. É aprender a escrita. Particularmente abstrata, a escrita ocorre mais tarde do que a língua oral, na história do homem como na história da humanidade sua aquisição é normalmente árdua.

O aprendizado da leitura a partir desta perspectiva coloca a necessidade de saber falar e de tomar consciência da estrutura básica da língua falada. Esta relação de dependência coloca, na prática, a necessidade da criança apresentar um padrão linguístico, no qual a alfabetização possa apoiar-se.

Sobre este assunto é interessante lembrar as observações de Chartier (2007: 73) a respeito das dificuldades apresentadas pelos leitores principiantes para estabelecer as ligações das unidades da escrita com as da oralidade, pois não veem a sílaba no escrito e não ouvem as letras na oralidade. Eles mal combinam entre si as unidades desprovidas de significado (inferiores à palavra) para produzir unidades com significado (palavras, frases).

O confronto entre os conceitos de leitura com os de sua aprendizagem revela que quando esta é vista em suas vinculações com a língua falada, o ensino situa a compreensão no plano da língua oral.

Os estudos fonológicos e o aprendizado

A aprendizagem da escrita baseada em sua relação com a língua oral coloca em destaque as características formais da linguagem, tendo em vista as correspondências entre as grafias e os aspectos fonológicos.

O estabelecimento de correspondências entre frações da língua oral e segmentos da escrita envolve a identificação dessas frações. Isto equivale à análise de palavras faladas para identificar seus segmentos.

Alegria e Morais (1989: 173-96) focalizam a aprendizagem da leitura como a integração de uma nova forma de informação, a ortográfica, na rede preexistente de compreensão e produção da fala. As ligações entre as partes da escrita e as da palavra pronunciada oralmente são estabelecidas na identificação de palavras escritas em termos alfabéticos, o que envolve a elaboração de regras para passar o escrito para a língua oral. Isto não significa que a conversão de letra a fonema ocorra, necessariamente, uma a uma com reunião posterior dos fonemas resultantes. São utilizados procedimentos que propiciam a elaboração progressiva de regras de tradução baseadas em sequências de letras que permitem a aprendizagem independente.

A importância atribuída à evolução da consciência fonológica no trabalho pedagógico referente à aquisição da leitura e da escrita pelas crianças diferencia essa orientação da aplicação dos métodos de ensino tradicionais.

Vale lembrar que na aplicação dos métodos tradicionais o ensino iniciava-se com o chamado período preparatório, para o qual eram indicados exercícios de discriminação auditiva, atenção para os segmentos de palavras faladas (início e final, por exemplo), a identificação de semelhanças e diferenças na pronúncia de várias palavras etc. Mas essas atividades, geralmente, não faziam parte das aulas. Nestas eram realizados com mais frequência os exercícios de discriminação visual e de coordenação motora fina, como parte do período preparatório.

O enfoque das relações entre os desempenhos em leitura e em atividades de segmentação de palavras, o desenvolvimento da consciência fonológica, animam os debates sobre o ensino e o aprendizado da leitura.

Segundo Adams et al. (2006: 19):

> Antes que possam ter qualquer compreensão do princípio alfabético, as crianças devem entender que aqueles sons associados às letras são precisamente os sons da fala. Para aqueles de nós que já sabem ler e escrever, essa compreensão parece muito básica, quase transparente. No entanto, as pesquisas demonstram que a própria noção de que a linguagem falada é composta de sequências desses pequenos sons não surge de forma natural ou fácil em seres humanos.

No entender de Liberman e Shankweiler (1989: 41-2), a aprendizagem da leitura envolve a consciência da estrutura fonológica da língua que permite o acesso ao sistema alfabético. Assinalam que muitas crianças (75%) que conseguem aprender a ler com qualquer método dominam por si mesmas o princípio alfabético e descobrem sozinhas analogias entre as palavras com pronúncia e escrita semelhantes. Por outro lado, muitas crianças que apresentam deficiências fonológicas não compreendem que a palavra falada compõe-se de segmentos, nem descobrem a correspondência entre seus segmentos e os da palavra escrita.

Esta interpretação é criticada por Dubois (1994: 297), que considera, por um lado, que muitas outras variáveis são correlacionadas com o desempenho em provas de consciência fonológica e, por outro, que é difícil atribuir efeitos causais a resultados baseados em correlações. Se as pesquisas parecem indicar que essa consciência depende de um método fônico aplicado pelos professores, as crianças que estudam por este método apresentam maior sensibilidade para esse tipo de atividade.

As relações entre escrita e oralidade – o desenvolvimento da consciência fonológica (*phonological awareness*) – na aquisição da leitura são discutidas por Ferreiro (2003: 139-57). Com base em resultados de pesquisas, questiona se o fator de domínio do código alfabético e da descoberta das analogias entre as palavras com pronúncia e escrita semelhantes não resultariam da aquisição da leitura.

Ferreiro (2003: 144-5) analisa, em termos evolutivos, a correspondência entre a escrita e a oralidade – letras e fonemas, palavras gráficas e palavras da emissão oral – e considera que a representação escrita favorece a consciência da oralidade, ou seja, a letra como marca gráfica contribui para a conceptualização dos fonemas e a palavra gráfica interfere com uma noção pré-alfabética de palavra. E assinala:

> O que estamos propondo, para o aprendiz que é falante de uma língua com uma representação alfabética da mesma, é um processo dialético em múltiplos níveis no qual, para começar, o objeto *língua* não está dado. Esse objeto deve ser construído em um processo de objetivação, processo em que a escrita proporciona o

> ponto de apoio para a reflexão. Tampouco, as unidades de análise estão dadas, elas se redefinem em continuidade, até corresponder (aproximadamente) às que definem o sistema de representação. [...]
> O que estamos propondo é um modelo de análise do processo de aquisição da escrita, no qual o dado, os observáveis e o sistema interpretativo se redefinem mutuamente durante o processo de aquisição.

As relações entre oralidade e escrita têm sido diferentemente focalizadas em pesquisas recentes, que indicam que a consciência fonológica se desenvolve com a aquisição da leitura, não o contrário.

O assunto propõe questões cujas possíveis consequências para o ensino demandam mais estudos e pesquisas.

A proposta construtivista – o enfoque da leitura como processo simultâneo

As pesquisas mostram que a criança tem ideias próprias a respeito da escrita e inicialmente, do ponto de vista infantil, esta não é vinculada à língua oral: a escrita representa a realidade.

Alves Martins (1993: 46) cita autores que, como Ferreiro, evidenciaram a ocorrência de sucessivas etapas na construção dos conceitos sobre a escrita por parte das crianças e distingue grandes períodos nesta evolução.

Inicialmente, a escrita não se orienta por critérios linguísticos. Para escrever as crianças utilizam letras, pseudoletras e algarismos, recorrem a diferentes grafias na escrita de cada palavra, mas, em geral, conservam a quantidade de elementos que utilizam. Elas não verbalizam o que escrevem, antes, durante ou depois de escrever. Fazem leitura global das palavras que escrevem. Muitas vezes introduzem em seus escritos características reais dos elementos, correspondentes ao conteúdo das palavras. Por exemplo, uma menina utiliza mais letras para grafar a palavra "formiga" do que para grafar a palavra "girafa" porque as formigas são numerosas. Neste período, denominado pré-silábico, a escrita não envolve a análise verbal prévia da palavra; a explicação para a diferença de tamanho entre as palavras "formiga" e "girafa" liga-se às características dos animais, não às características linguísticas dos seus nomes.

No segundo período, os procedimentos caracterizam-se pelo uso de letras; várias delas são empregadas para grafar cada palavra, geralmente, uma letra vale por uma sílaba (em línguas como o português e o espanhol), mas uma letra qualquer representa qualquer som. A leitura da palavra grafada é feita em termos silábicos.

No terceiro período há a fonetização da escrita. É feita a análise da palavra oral, seja no nível silábico, seja no nível fonético. As crianças tentam encontrar a letra adequada para representar os sons. Na busca da correspondência convencional entre som e grafia, as crianças se apoiam com frequência nos nomes das letras que conhecem. Por exemplo, para grafar a palavra "gato", uma criança diz um "agá", um "t" e um "u"; escreve HTU e lê "ga-to" (silabicamente). A palavra "gata" é grafada com HTA.

A utilização da letra "h" deve-se à semelhança entre seu nome "agá" e a primeira sílaba da palavra a ser escrita (ga). Isto indica a ocorrência da análise, isto é, da decomposição da palavra "gato" nas sílabas que a compõem, embora nem sempre ocorra a análise fonética. Mesmo que a criança desconheça o valor convencional de diferentes letras, compreende que há uma determinada letra para representar um dado som, mas isso só ocorre após todo um processo evolutivo. No início da escolaridade, nem todas as crianças encontram-se nesta fase de construção da escrita. Elas desenvolvem suas próprias teorias sobre a escrita e sua prática antes de estabelecer ligações entre ela e a língua oral. Disto decorre a importância que é dada à aprendizagem como processo contextualizado.

A concepção de leitura subjacente ao construtivismo corresponde ao enfoque que realça a especificidade da escrita e rejeita como fundamental a ligação desta com a língua oral. A negação do enfoque da escrita como transcrição da língua falada exclui as tentativas de monitorar pelo ensino padronizado a aprendizagem. Propõe o ensino como mediação do desenvolvimento do aprendizado. Como a criança aprende a falar, deve aprender a ler e a escrever, considerando-se que é a interação com a escrita e com leitores que proporciona a evolução deste conhecimento.

O foco do ensino desloca-se da relação entre códigos, entre significantes (palavra falada e escrita, por exemplo), para privilegiar o significado, o qual a criança ao chegar à escola já desenvolveu em parte com o conhecimento do mundo. Trata-se então de acesso a um sistema de comunicação em que a experiência própria é fundamental: nela se baseiam a expressão e a compreensão, nela insere-se o aprendizado da leitura e da escrita.

A atribuição de importância à escrita como prática social para o aprendizado baseia-se e reforça o enfoque da escrita em sua especificidade.

Segundo Jolibert (1994: 15),

> Ler é atribuir diretamente um sentido a algo escrito. Diretamente, isto é, sem passar pelo intermédio:
> – nem da decifração (letra por letra, sílaba por sílaba, palavra por palavra);
> – nem da oralização (nem sequer grupo respiratório por grupo respiratório).
> Ler é questionar algo escrito como tal a partir de uma expectativa real (necessidade-prazer) numa verdadeira situação de vida.

Propõe que as crianças realizem questionamentos dos textos antes do domínio convencional da leitura, antes da aquisição do código alfabético.

> Questionar um texto é fazer hipóteses de sentido a partir de indícios levantados (muitos desses indícios possuem uma natureza diferente dos elementos do próprio texto no sentido restrito da palavra) e verificar essas hipóteses. Tal questionamento se desenvolve através de toda uma estratégia de leitura:
> – que não tem nada a ver com uma decifração linear e regular, que parte da primeira palavra da primeira linha para chegar à última palavra da última linha;
> – que varia de um leitor para outro e, para um mesmo leitor, de um texto para outro, e, para um mesmo leitor e um mesmo texto, de um objeto de procura para outro (posso em momentos diferentes, procurar informações diferentes num mesmo artigo). (Jolibert, 1994: 15)

A leitura, sem passar pela decifração, é vista como atribuição de sentido ao texto, mediante questionamento no qual se busca o sentido do texto. Esta busca que se insere numa real situação de vida ocorre com base nos indícios disponíveis. Permite que as crianças, mesmo antes de conhecerem o código alfabético, consigam chegar à compreensão do texto, em processo de interação com seus colegas e com o apoio de um leitor – a professora.

As pesquisas referentes à psicogênese da escrita revelam o papel ativo que as crianças desempenham neste processo e a importância de suas interações com escritos sociais de natureza diversa para a evolução desta construção. Dos resultados dessas pesquisas decorre o enfoque da escrita como processo de construção de acordo com as possibilidades cognitivas da criança; a ênfase recai na elaboração dos conhecimentos pelo aprendiz.

O construtivismo e as práticas pedagógicas

A importância da interação com materiais escritos para a observação e exploração foi, por vezes, interpretada como suficiente para o acesso à escrita alfabética, cujos resultados são criticados.

Os adeptos da tendência construtivista consideram os conhecimentos relativos às apropriações que a criança faz da escrita como fundamentais para entender e orientar sua aquisição. Foucambert (1976: 86), ao considerar que é muito importante para a aprendizagem assumir logo as condutas de leitura, aponta três princípios para o desenvolvimento do trabalho pedagógico.

- Recusar o ensino como domínio das correspondências fonográficas, ou seja, a criança não será habituada a descobrir o sentido da escrita pela transformação dos signos escritos em sons. A oralização pode ajudar na elucidação do sentido, mas não para estabelecer correspondências entre unidades menores que a palavra.
- A criança aprenderá a ler como aprendeu a falar, como aquisição contínua, permanente. Desde o início, o que ela adquire (como comportamento de leitura diante da língua escrita) é o comportamento que o leitor de qualquer idade apresenta. É assim que aprendeu a falar.
- Ao apropriar-se da língua escrita e dominar as palavras de seu vocabulário a criança pode pressentir a ideia de relação sistemática entre língua escrita e oral. Correspondência que ultrapassa a decifração e é possível porque a criança sabe ler e falar.

O confronto destes princípios com o ensino mediante o estabelecimento de correspondências entre os elementos dos dois códigos (oral e escrito) revela, dentre outras coisas, a inversão da ordem de atividades. Essas correspondências, aqui previstas para o final do processo de construção da língua escrita, constituem o objeto do trabalho inicial no ensino realizado segundo os métodos sintéticos.

Chauveau (1993: 85-94) considera como trabalho pedagógico eficaz aquele que atende aos principais aspectos da aquisição da leitura, a saber, a continuidade, o aspecto conceitual, o cultural e o social. Este atendimento manifesta-se no ensino, por exemplo, por oportunidades de:

- interagir com as diferentes funções da escrita;
- aprender o funcionamento da escrita;
- compreender em que consiste o comportamento leitor;
- aprender a maneira de comportar-se como leitor, de realizar o papel do leitor aprendiz.

Este atendimento manifesta-se, ainda, pela organização de situações propícias à reflexão e à tomada de consciência das características funcionais e técnicas da língua escrita, bem como ao desenvolvimento da exploração dos textos etc.

O aprendiz torna-se leitor praticando a cultura escrita com livros, revistas, jornais, dicionário, questionando diversos textos, comunicando-se com outras pessoas, conversando sobre suas leituras com outros, escrevendo textos etc. A ação escolar cultural propicia para os alunos a descoberta das funções sociais da escrita.

A criança, comparando suas concepções com as dos colegas, com a ajuda do adulto, irá pouco a pouco descobrindo o funcionamento da leitura e desenvolvendo as suas estratégias.

Alfabetizar os alunos que dispõem de interações com a escrita e de relacionamentos positivos para a aprendizagem em todos os aspectos de sua vida equivale a ensinar quem já sabe; portanto, cabe estender o processo de alfabetização a todas as crianças.

Para o trabalho a ser realizado nas aulas, Charpentier (1992: 227), baseando-se em resultados de pesquisas, propõe princípios para a prática pedagógica diferenciada de atividades conhecidas, dentre os quais se destacam:

– o desenvolvimento da observação para descobrir como a criança interage com a escrita, interrogando-a sobre as suas representações e sobre seus conhecimentos;
– a explicitação das estratégias utilizadas pelos alunos;
– a realização de atividades que solicitem o raciocínio lógico;
– a organização de atividades de escrita acompanhando as de leitura;
– o desenvolvimento do trabalho com a escrita em toda a sua complexidade.

Os princípios propostos por Charpentier, aqui apresentados, bem como os propostos por Foucambert (1976: 86) ajudam a aclarar as diferenças entre o ensino tradicional e as situações voltadas para a construção do conhecimento, no que se refere ao grau de especificação de atividades e às possibilidades de atuação da criatividade. Mas os professores responsáveis pela alfabetização, geralmente, solicitam explicações mais específicas sobre o ensino que não se prenda ao estabelecimento de correspondências entre unidades da escrita e as da língua oral.

Uma indagação muito comum entre os professores diz respeito aos encaminhamentos didáticos adequados aos procedimentos que a criança utiliza na elaboração de seus conhecimentos sobre a escrita, ou seja, solicitam mais informações sobre os processos que a criança coloca em jogo em suas interações com a escrita como objeto de conhecimento.

Os intercâmbios da criança com os colegas, isto é, os intercâmbios que se estabelecem entre os leitores aprendizes, constitui uma das medidas importantes do trabalho pedagógico voltado para a construção da escrita. Este intercâmbio, a formulação de hipóteses pelas crianças e o aprender a ler lendo e a escrever escrevendo são sínteses conhecidas nos meios escolares. Porém, muitos professores apresentam dúvidas sobre o encaminhamento desses processos no trabalho em sala de aula.

Algumas questões sobre o aprendizado e o ensino

Afinal, como é possível uma criança ler sem dominar o código alfabético? Sobre o assunto, é interessante lembrar que a leitura nos termos propostos pelos construtivistas difere da tradicional decifração em voz alta e acentua a atribuição de sentido ao texto pelo leitor, processo no qual a compreensão e a "inteligência" do leitor são consideradas como fatores relevantes.

A respeito do aprendizado da leitura "sem fonologia", Smith (1999: 68), após distinguir a estrutura de superfície da linguagem de sua estrutura profunda, ressalta que, na escrita, a primeira consiste nas marcas de tinta no papel, do giz na lousa, dos sinais irradiados na tela do computador, isto é, a informação visível que colhemos com os olhos em fixações que realizamos ao ler, enquanto a estrutura profunda "é um termo alternativo para significado". Assinala que não há correspondência direta entre essas estruturas, "um abismo as separa". O significado não é representado na estrutura de superfície, nos sons da fala ou nas marcas visíveis da escrita. São os leitores que providenciam os significados utilizando seus conhecimentos, suas experiências, mas esta utilização de informações não visíveis é impossível se o material a ser lido não fizer sentido para o leitor.

A não inscrição do significado na estrutura de superfície da linguagem, nos sons da fala ou nas marcas visíveis da escrita, atribui ao leitor o papel de dar significado ao que lê. Torna desnecessária a tradução da escrita para a língua oral. Isto é, para entender não é necessário traduzir a escrita para a língua oral. A compreensão deve vir do significado que o leitor traz para a linguagem. Para o ensino, coloca-se a questão do potencial de sentido que as atividades e o material de leitura podem assumir para os pequenos leitores.

No entender de Smith (1999: 74-5), para encontrar sentido no mundo e na leitura cada um de nós utiliza a teoria que desenvolveu a respeito do mundo. Esta teoria é uma síntese de nossas experiências diretas, das que adquirimos por meio da observação e da comunicação. Tudo o que não se relacionar com essa teoria terá pouco sentido para nós. As crianças também desenvolvem suas teorias, que são mais simples do que as dos adultos; elas as utilizam em suas relações com o mundo em que vivem.

Para quem convive com crianças, não é difícil observar que elas desenvolvem teorias a respeito da vida, do mundo e de suas experiências e, por vezes, elas as manifestam claramente.

> Paola aos 4 anos e dois meses, ao perceber a diminuição da luminosidade onde estávamos, disse: "Está escurecendo, vai ficar noite." Diante da explicação de que ainda demoraria para que começasse a anoitecer, ela respondeu: "A minha amiga Carol falou que quando escurece é porque o sol foi beber água."
> Ou seja, se não anoitecia, o sol se afastara para beber água. (Micotti, s/d)

A interpretação de Paola sobre o que observou no meio ambiente revela o recurso a uma "teoria" para apresentar sua compreensão da variação de luminosidade, mas revela também a ocorrência de troca de informações entre as crianças sobre as suas teorias.

A intervenção das teorias construídas pelos seres humanos, desde a infância, para fazer a leitura do mundo e a leitura da escrita coloca para o ensino a necessidade de ouvir o que os alunos têm a dizer sobre suas interações com o trabalho em sala de aula, como assinala Charpentier (1992: 227). São as suas teorias que permitem a criança formular hipóteses sobre a escrita, a realizar as inferências que, gradualmente, as aproximam do conhecimento da escrita convencional.

Sobre o assunto, vale lembrar que Geraldi (2011) destaca a função da linguagem no ensino, apoiando-se na contribuição bakhtiniana sobre a constituição da consciência e a interação verbal que conduzem ao entendimento do sujeito como produto da herança cultural e também de suas ações sobre ela. Propõe para o ensino a produção de textos e a ênfase no diálogo. Contrapõe-se à didática tradicional e ao ensino centrado na transmissão de conhecimentos que ignora as vozes dos alunos, e observa:

> Ensinar é criar espaços para fazer valerem esses saberes silenciados para confrontá-los com os "conhecimentos" sistemáticos, mas nem sempre capazes de explicar os fatos. Isso implica uma dialogicidade constante e o abandono de crenças, quer por parte do professor, quer do aluno. Aceitar a interação verbal como fundante do processo pedagógico é deslocar-se continuamente de planejamentos rígidos. [...] (Geraldi, 2011: 201)

Acolher as contrapalavras dos alunos envolve ouvir os seus saberes, as suas teorias, analisar e tentar entendê-los, focalizar o objeto de estudo do ponto de vistas do(s) outro(s). É explicitar esses pontos de vista no ensino e mudar o foco do trabalho pedagógico. É incorporar no ensino a perspectiva dos alunos. Processo que é vital para o ensino segundo o construtivismo. O professor não leva a aula pronta, ele apenas esquematiza seu trabalho cuja configuração real é completada com as manifestações dos alunos nas situações pedagógicas.

Na prática as coisas tornam-se mais complicadas porque, com frequência, a proposta construtivista é confundida com algumas interpretações que são muito distantes das decorrências pedagógicas da psicogênese da escrita. Há quem entenda ser suficiente promover intensos contatos das crianças com materiais escritos para que desenvolvam seus conhecimentos, mas outros pesquisadores, entendendo que nem sempre isso é suficiente, pensam de modo diferente.

A aproximação do que as crianças conhecem com o que, segundo o sistema escolar, precisam conhecer para conseguirem ler e escrever constitui um assunto a ser mais debatido no decorrer da formação inicial e continuada de professores. Vários pesquisadores criticam o ensino limitado a intensos e abundantes contatos da criança com materiais escritos. Esses autores denominam o "banho de escrita" como insuficiente para o aprendizado e utilizam vários argumentos em defesa de seu ponto de vista.

Essas interpretações práticas da proposta construtivista e seus "resultados" fazem com que os modelos teóricos de leitura como processo de interação entre estratégias sequenciais e simultâneas sejam olhados como possível solução para as dificuldades do ensino, resultando, por vezes, na aplicação prática dos antigos métodos mistos.

Os modelos interativos propõem à prática pedagógica a necessidade de desenvolver o ensino de modo a contemplar a abordagem dos vários tipos de textos, por exemplo, em situações reais de comunicação para desenvolver a compreensão mediante procedimentos que entram em jogo nessa aquisição. Porém propõem, também, o trabalho com os elementos constitutivos da escrita em suas relações com a língua oral. De acordo com Prat i Pla (2001: 100):

> Seria um erro pensar que só é possível avançar a partir das próprias concepções tanto na aprendizagem da leitura como na da escrita. A leitura, por exemplo, não pode ser feita apenas a partir da hipótese da identificação de alguns indícios. Este pode ser um primeiro passo, mas ler é bastante mais complexo, e os indícios que em princípio limitam-se ao reconhecimento de uma letra, à longitude de uma palavra ou do texto, ao reconhecimento de uma palavra, devem ser ampliados a partir do conhecimento do valor das letras, da ortografia, da morfologia, da combinação das palavras em uma frase, da pontuação, do sentido das palavras, da intenção comunicativa do texto etc. Esta é, evidentemente, a tarefa da escola.

Aqui temos a justificativa para o trabalho pedagógico mediante a conjugação de estratégias diferentes de leitura, apresentada em relação à interpretação prática do construtivismo de que não é possível avançar a partir das próprias concepções.

Netchine (1990: 145-8) apresenta um modelo de "instrumentação" não linear da aquisição da leitura que reconhece o papel dos fatores culturais e o da transmissão social no desenvolvimento intelectual. Porém, diante de um escrito difícil, tanto o leitor hábil como o principiante apoiam-se em índices fonológicos extraídos das operações de decodificação para chegarem ao sentido. Este recurso, utilizado desde as primeiras etapas do processo de aquisição da leitura, automatiza-se e talvez, depois, seja abandonado. A leitura é entendida como vinculada a vários planos e apresentando diversos níveis funcionais, determinados pelo domínio dos meios de que a criança dispõe, resultantes de seu desenvolvimento, de apropriação de *savoir-faire* e de conhecimentos que lhe são transmitidos.

À medida que os modos de agir do leitor-aprendiz aperfeiçoam-se, as condutas que perdem seu valor funcional desaparecem. Como exemplo, Netchine (1990) lembra que inicialmente, ao tentar ler, a criança faz movimentos com o corpo, mas à medida que vai dominando a leitura ela explora o texto, deslocando o olhar sem movimentar o corpo.

Temos aqui mais uma proposta de conciliação dos novos conceitos de leitura com o ensino tradicional pela transmissão de informações.

A questão que as manifestações de Prat i Pla e as de Netchine, aqui apresentadas, propõem é a de saber se os conhecimentos apontados, por exemplo, dos valores das letras, da ortografia, da morfologia, da combinação das palavras em uma frase, da identificação dos índices fonológicos etc., não poderiam ser elaborados pela criança, ao invés de serem a elas apresentadas mediante a transmissão de informações feita pelo professor.

Há interpretações que destacam os aspectos políticos da alfabetização. Realçam a importância de organizar o trabalho escolar visando a construção da escrita por parte das crianças, mas defendem a importância e a necessidade de haver escolas que ensinem, sobretudo em países em que muitos alunos têm pouca oportunidade de conviver em ambientes "letrados". Isto, por vezes, justifica a proposição por alguns pesquisadores da transposição para o ensino do enfoque interativo de leitura.

Sobre o assunto, Braslavsky (1993: 13) assinala:

> Há tendências pedagógicas favoráveis à alfabetização espontânea por acreditarem que em uma sociedade letrada as crianças aprendem a escrever e a ler tão naturalmente como aprendem a falar em uma cultura oral. Em nossa experiência, parece ficar comprovado que, sem a intervenção de uma escola que ensine, a alfabetização emergente corre o risco de ficar, na maioria dos casos, a um conhecimento externo da escrita.

A possibilidade de as crianças desenvolverem apenas conhecimentos superficiais sobre a escrita, sem conseguirem realmente ler e escrever, também é salientada por Bentolila (1996: 13-156), por entender que aprender a ler não é mágico nem inato. Critica, como pouco fundamentada e perigosa no plano pedagógico, a concepção segundo a qual bastaria colocar uma criança em situação de leitura para que ela espontaneamente descubra os processos e mecanismos em jogo e comece a ler.

Deste contexto emergem reflexões sobre o trabalho didático mediante a proposta construtivista. Deixar a criança praticamente entregue a si mesma em contato com materiais escritos constitui uma escolha que desconsidera as possíveis interpretações do trabalho didático fundamentado na psicogênese da escrita. Se a base dessa opção for por analogia com a aprendizagem da língua oral, cabe lembrar que, geralmente, as crianças encontram-se em constante interação com falantes de uma dada língua. Por outro lado, essa alternativa de não trabalhar a leitura e a escrita na escola contraria as funções que cabem à escola, como instituição, realizar.

Sobre o assunto, além das divergências entre os pesquisadores mostrando que as controvérsias a respeito da alfabetização continuam, convém lembrar que as observações mostram que o desenvolvimento da fala é demorado. Este processo exige esforço por parte da criança, apesar da convivência diária durante muitas horas com pessoas que falam uma mesma língua, conversam com ela e, em geral, procuram compreender o que diz.

A respeito do papel do ensino na aquisição da escrita, Teberosky (2000: 65) assinala:

> O início do conhecimento sobre a escrita não depende do manejo pessoal da escrita e, portanto, não coincide com o início da escolaridade obrigatória. Embora pareça paradoxal, o início do conhecimento sobre a notação escrita propriamente dita também não coincide com a escolaridade, embora esteja intimamente ligado a ela. A relação entre o ensino institucional e o desenvolvimento do conhecimento da criança é de influência, não de determinação. Por diversas razões: porque a escrita é um objeto social cuja presença e funções ultrapassam o marco escolar e porque a criança é um sujeito ativo e construtivo do seu próprio conhecimento.

Após descrever o desenvolvimento pré-escolar e escolar da escrita, a autora questiona se todos os conhecimentos referentes à escrita teriam origem extraescolar. A resposta é não, pois se todas as aprendizagens fossem pré-escolares não haveria analfabetismo. Ao explicar a resposta, pondera:

> No processo de aprendizagem, os indivíduos não podem deixar de levar em consideração que a escrita e a linguagem escrita obedecem a regras ou convenções de funcionamento. Nem todas as regras e convenções, porém, são evidentes por si mesmas, algumas delas requerem uma prática mais ajustada, compreendida e compartilhada com outros, isto é, requerem ensino. Por isso, grande parte das atividades normativas é frequentemente realizada em situações institucionais, particularmente na escola. (Teberosky, 2000: 70)

Estas afirmações de Teberosky reforçam o papel da escola na aquisição da escrita. Mas considerar as convenções sociais e as normas referentes às funções, à estruturação da escrita, à utilização das letras, não envolve, necessariamente, o retorno dos métodos tradicionais.

É interessante assinalar que as controvérsias sobre os métodos de alfabetização, que foram intensas na década de 1960, retornam em novos moldes. Elas retornam num contexto marcado pelas opções de centrar o ensino nas crianças, cujas capacidades de construir conhecimentos inclusive sobre a escrita são reconhecidas, afastando as intervenções diretivas do professor. Sobre o assunto, Braslavsky (2005: 61) observa:

> Ultimamente, depois de um forte recrudescimento do debate, durante a década de 1990, procura-se um consenso através da experiência, e se comprova que ambas as direções podem responder melhor as exigências do complexo processo da leitura e da escrita, tal como se expressa em novos modelos que contemplam as múltiplas fontes que nele intervêm, sempre que o ensino respeite as condições referentes ao contexto social e cultural, sobretudo as relações de cooperação entre o professor que ensina e as crianças que aprendem no coletivo heterogêneo da classe.

Assim, o ensino, sobretudo o inicial da leitura e da escrita, insere-se num cenário de pesquisas e estudos teóricos de onde emergem propostas pedagógicas diversas que geram debates sobre sua eficiência.

Em decorrência disso, preconiza-se a inserção de estratégias voltadas para o estabelecimento de correspondências entre a escrita e a língua oral, ou a inclusão da leitura por estratégias ascendentes e descendentes no próprio processo de alfabetização. A aplicação dos modelos voltados para os aspectos culturais e linguísticos da leitura e da escrita corre o risco de, na prática, ser interpretada como aplicação do ensino tradicional. Esta medida, aliás, não deixou de acontecer no mundo das práticas pedagógicas. Por outro lado, vale lembrar que rejeitar a dependência da leitura em relação à língua oral não significa ignorar a linguagem oral ou considerar de forma estanque as atividades linguísticas. As versões oral e escrita da língua interagem.

Considerações gerais

As controvérsias sobre o ensino e a aprendizagem da leitura e da escrita continuam apesar da multiplicidade de estudos e pesquisas realizados sobre o assunto. A tendência construtivista vem ao encontro de expectativas de soluções para desafios resistentes ao ensino tradicional, tais como: a diversidade de ritmos de aprendizagem apresentada pelas crianças; a dificuldade para aprender por parte daquelas que apresentam limitada interação com a escrita (muitas vezes, provenientes de classes sociais menos favorecidas); o pouco efeito do ensino padronizado para alunos que utilizam linguagem diferente da oficial em que se processa o ensino etc.

Esta tendência permite ao professor compreender e assimilar desafios ao revelar aspectos da construção do conhecimento que antes passavam quase despercebidos ou eram pouco considerados, tais como: as funções sociais da escrita; o papel que o sentido e a continuidade entre as experiências vividas exercem na aprendizagem; os significados do "erro"; a importância da interação entre a escola, a família e os parceiros; a relação entre aprendizagem e desenvolvimento; a interferência que os conhecimentos anteriores sobre a escrita têm no sucesso escolar; a função das variações de respostas correspondentes a diferentes momentos da construção do conhecimento etc.

Ao propor um novo olhar sobre a grande parcela de alunos que antes apenas eram classificados como aqueles que "não acompanham o ensino", o construtivismo oferece as bases para repensar o trabalho escolar. Ocorre que, dada a sua especificidade, esta tendência exige mudanças radicais no trabalho em sala de aula.

As mudanças envolvem muitos aspectos, entre os quais se destacam a necessidade e a importância do conhecimento teórico dos professores para amparar e as análises das produções infantis e sugestões de trabalho nelas contidas, de modo a não deixar a criança entregue a si mesma e a evitar o relativismo nos critérios de aceitação dos trabalhos feitos por professores e alunos. Questões como essa assumem singular importância em um país com muitos analfabetos e analfabetos funcionais. Para muitas crianças, o analfabetismo reduz as oportunidades de contato com a escrita e as de convivência adequada no ambiente escolar.

A tendência decorrente da concepção de escrita como transcrição visual da língua oral sofre as consequências da tradição. A classificação dos métodos globais, juntamente com os sintéticos, nesta categoria, tem por critério, principalmente, o ensino padronizado via linguagem oral. As críticas não ressalvam as diferenças que se estabelecem entre eles no tocante ao papel atribuído ao significado mais acentuado do que no trabalho com os métodos sintéticos.

As críticas hoje feitas nos ambientes escolares referem-se, sobretudo, às aplicações que se distanciam das propostas iniciais e o seu desenvolvimento. As tendências, que distinguimos nas teorias e nas pesquisas sobre a alfabetização, sugerem a ocorrência de desdobramentos na prática pedagógica. Ocorre que, como mostra a literatura especializada e averiguamos em pesquisa, os professores fazem a sua própria leitura das propostas de mudança didática. Isto significa que na aplicação de cada proposta ocorrem múltiplas interpretações (Micotti, 1998).

Sobre as várias conceituações de leitura e escrita, de aprendizagem e ensino, cabe considerar que no enfoque do trabalho pedagógico, segundo a perspectiva das relações lógicas entre as ações que o compõem, a coerência é importante para o aprendizado. Espera-se que os conceitos de leitura e de escrita, de aprendizado e ensino, subjacentes às práticas pedagógicas vinculadas a uma mesma tendência teórica, sejam solidários, ou seja, que, na prática, suas abordagens não se contradigam. Os resultados do ensino dependem de coerência, isto é, da fundamentação das práticas pedagógicas em conceitos solidários, não contraditórios. Mas isto nem sempre acontece com a alfabetização em nossas escolas.

Referências

ADAMS, M. J. et al. *Consciência fonológica em crianças pequenas*. Adaptação à língua portuguesa: Regina Ritter Lamprecht e Adriana Correa Costa. Trad. Roberto Cataldo Costa. Porto Alegre: Artmed, 2006.

AEBLI, H. *Didática psicológica*. Trad. João Teodoro D' Olim Marote. São Paulo: Cia. Editora Nacional/Ed. da USP,1971.

ALEGRIA, J.; MORAIS, J. Analyse segmentale et acquisition de la lecture. In: RIEBEN, L.; PERFETTI, C. (eds.). *L'Apprenti lecteur*. Paris: Delachaux et Niestle, 1989.

ALVES MARTINS, M. Les idées des enfants sur l'écrit à l'entrée à l'école primaire. In: ALVES MARTINS, M. et al. (eds.). *La Lecture pour tous*. Paris: Armand Colin, 1993.

BANDET, J. *Vers l'apprentissage du langage écrit*. Paris: Armand Colin-Bourrelier, 1975.

BENTOLILA, A. Les Premiers pas dans le monde de l'ecrit. In: BENTOLILA, A. (ed.). *Recherches actuelles sur l'enseignement de la lecture*. Paris: Retz, 1976.

BRASLAVSKY, B. *Escola e alfabetização:* uma perspectiva didática. Trad. Vera Maria Mazargão Ribeiro. São Paulo: Ed. Unesp, 1993.

________. *Enseñar a entender lo que se lee*: la alfabetización en la familia y en la escuela. Buenos Aires: Fondo de Cultura Económica de Argentina, 2005.

CHARMEUX, E. Construire une pédagogie de la lecture. In: BENTOLILA, A. (ed.). *Recherches actuelles sur l'enseignement de la lecture*. Paris: Retz, 1976.

CHARPENTIER, J. *L'Apprentissage de la lecture et développment de la pensée logique*. Paris: PUF, 1992.

CHARTIER, A.-M. *L'école et la lecture obligatoire*: histoire et paradoxes des pratiques d'enseignement de la lecture. Paris: Retz, 2007.

________. 1980-2010: trinta anos de pesquisas sobre a história do ensino da leitura. Que balanço? In: *Uma história de sua história*. Marília: Cultura Acadêmica Universitária, 2011.

CHAUVEAU, G. Dynamiques école-famille-quartier et reussite en lecture au cours préparatoire. In: ALVES MARTINS, M. et al. (eds.). *La Lecture pour tous*. Paris: Armand Colin, 1993.

DUBOIS, D. Comment l'homme communique-t-il? In: WEIL-BARAIS, A. (ed.). *L'Homme cognitif.* Paris: PUF, 1994.

FERREIRO, E.; GOMEZ-PALACIO, M. (eds). *Lire et écrire à l'école*: comment s'y apprennt-ils? Lyon: CRDP, 1988.

_______. Escrita e oralidade: unidades, níveis de análise e consciência metalinguística. In: FERREIRO, E. et al. *Relações de (in)dependência entre oralidade e escrita*. Trad. Ernani Rosa. Porto Alegre: Artmed, 2003.

_______; SIRO, A. *Narrar por escrito do ponto de vista do personagem*: uma experiência de criação literária com crianças. Trad. Luís Reyes Gil. São Paulo: Ática, 2010.

FIJALKOW J. *Sur la lecture:* perspectives sociocognitives dans le champ de la lecture. Issy-les Molineaux: ESF, 2000.

FOUCAMBERT, J. Apprentissage et enseignement de la lecture. In: BENTOLILA, A. (ed.). *Recherches actuelles sur l'enseignement de la lecture*. Paris: Retz, 1976.

_______. *La Manière d'éntre lecteur.* Toulouse: Richaudeau, 1994.

GERALDI, J. W. Da redação à produção de textos. In: GERALDI, J. W.; CITELLI, B. (coords.). *Aprender e ensinar com textos de alunos*. São Paulo: Cortez, 2011.

INIZAN, A. De L'échec à la réussite par la didactique. In. ALVES MARTINS et al. (eds.). *La Lecture pour tous*. Paris: Armand Colin, 1993.

JOLIBERT, J. e colaboradores. *Formando crianças leitoras*. Trad. Bruno Magne. Porto Alegre: Artes Médicas, 1994.

LEFÈVRE, C. A. *Linguistics and the Teaching of Reading*. New York: McGraw-Hill, 1964.

LEROY-BOUSSION, A. Apprentissage de la lecture. *Enfance*, n. 1, 1967, pp. 27-55.

_______; DUPESSEY, C. Apprentissage de la lecture et synthése des sons du langage. Aptude à restructurer un message oral fragmenté en syllabes chez les enfants de 4 a 7 ans. *Enfance* n. 3-4, 1968, pp. 183-217.

LIBERMAN, L.Y.; SHANKWEILER, D. Phonologie et apprentissage de la lecture: une introduction. In: RIEBEN, L.; PERFETTI, C. (orgs). *L'Apprenti lecteur*. Paris: Delachaux et Niestlé, 1989.

MIALARET, G. *L'Apprentissage de la lecture*. Paris: PUF, 1966.

MICOTTI, M. C. de O. *Piaget e a alfabetização*. São Paulo: Pioneira, 1980.

_______. O professor e as propostas de mudança didática. In: SERBINO, R. V. et al. *Formação de professores*. São Paulo: Ed. Unesp, 1998.

_______. *O processo de alfabetização e as teorias infantis*: algumas observações. Trabalho não publicado.

PONTECORVO, C. As práticas de alfabetização escolar: ainda é válido o falar bem para escrever bem. In: FERREIRO, E. et al. *Relações de (in)dependência entre oralidade e escrita*. Trad. Ernani Rosa. Porto Alegre: Artmed, 2003.

PRAT I PLA, A. Reflexões sobre o modelo de ensino-aprendizagem da leitura e da escrita. In: CAVAJAL PÉREZ, F.; RAMOS GARCÍA, J. *Ensinar ou aprender a ler e a escrever?* Trad. Cláudia Schilling. Porto Alegre: Artmed, 2001, pp. 93-102.

SMITH, F. *Leitura significativa*. Trad. Beatriz Affonso Neves. Porto Alegre: Artmed, 1999.

STANOVICH, K. E. L'Évolution des modéles de la lecture et de l'apprentissage de la lecture. In: RIEBEN, L; PERFETTI, C. (eds.). *L'Apprenti lecteur.* Paris: Delachaux et Niestlé, 1989.

TEBEROSKY, A. *Aprendendo a escrever*: perspectivas psicológicas e implicações educacionais. Trad. Cláudia Schilling. São Paulo: Ática, 2000.

VELLUTINO, F. R.; SCANLON, D. M. Les effets des choix pédagogiques sur la capacité à identifier des mots. In: RIEBEN, L.; PERFETTI, C. (eds.). *L'Apprenti lecteur*. Paris: Delachaux et Niestlé, 1989.

A teoria de Piaget e o trabalho do professor no processo de alfabetização

A teoria de Jean Piaget e a escola de Genebra constituem um dos grandes pilares de amplo movimento pedagógico que floresceu, sobretudo a partir das duas últimas décadas do século XX. Esse movimento, denominado construtivismo, tem afetado o ensino e se, por um lado, oferece elementos para revisões e críticas a antigas concepções e práticas pedagógicas, por outro lado, na realidade, tem sido objeto de várias interpretações, algumas distorcidas, mas bastante difundidas, baseadas em leituras equivocadas da epistemologia e da psicologia genética.

As reflexões sobre o construtivismo e o trabalho pedagógico na alfabetização envolvem a análise de múltiplos aspectos dessa teoria, relevantes para o ensino e para o aprendizado. Diante da complexidade e da amplitude do tema, neste capítulo serão examinados os fatores do desenvolvimento cognitivo, destacando-se o significado de seus fundamentos epistemológicos para o ensino. Isso permite melhor entender o que hoje acontece com o processo alfabetização em nossas escolas.

As concepções epistemológicas diferenciam-se, basicamente, pela ênfase que atribuem aos componentes do ato cognitivo – ao sujeito, ao objeto ou à própria interação entre eles. As concepções apriorista e empirista focalizam o conhecimento e o desenvolvimento da inteligência com ênfase, respectivamente, nos fatores internos ou nos fatores externos ao indivíduo, ao passo que a teoria operatória da inteligência, proposta por Piaget (1967: 7-24), acentua as próprias interações do indivíduo com o meio físico e social.

Os professores adotam, de modo implícito ou explícito, concepções epistemológicas que se manifestam em suas práticas pedagógicas e em seus discursos. Becker (2001: 69-79), ao investigar as concepções dos professores sobre a natureza do conhecimento, obteve afirmações como:

– Ninguém pode transmitir. É o aluno que aprende. Acho que ninguém pode ensinar ninguém; pode tentar transmitir, pode tentar mostrar... Acho que a pessoa aprende praticamente por si...
– O conhecimento se dá à medida que as coisas vão aparecendo e sendo introduzidas por nós nas crianças. O conhecimento é transmitido sim; através do meio ambiente, família, percepções, tudo.
– A criança adquire conhecimento acho que olhando o mundo, o ambiente. Sofrendo a influência das coisas a seu redor começa a estabelecer relações com esse mundo.

Essas manifestações sobre o conhecimento revelam entendimentos diversos que se aproximam, respectivamente, das concepções apriorista, empirista e construtivista. O modo pelo qual um professor ensina expressa a sua compreensão de conhecimento, de desenvolvimento da inteligência, de aprendizagem etc. Por exemplo, a explicação: "Ninguém pode transmitir. É o aluno que aprende" indica um enfoque vinculado ao apriorismo; na prática da alfabetização, a adoção deste enfoque no trabalho pedagógico pode transformar o professor em expectador das atuações dos alunos, deixando as crianças entregues a si mesmas durante as aulas, aguardando o aprendizado espontâneo da escrita, a ocorrência de "um estalo" ou *insight*.

No enfoque empirista, o conhecimento é visto como resultante da pressão dos estímulos externos na inteligência do indivíduo e a aprendizagem como passível de ser manipulada diretamente de fora, pelo professor. Segundo Aebli (1971) a didática tradicional fundamenta-se nessa concepção. Ao passo que o construtivismo fundamenta-se na concepção interacionista, isto é, no enfoque do conhecimento como resultante de fatores internos e de fatores externos (ambientais) ao sujeito.

O ensino tradicional e o cognitivismo

Na alfabetização, o ensino tradicional traduz-se pela apresentação aos alunos dos elementos do código escrito ligados às correspondentes sonorizações. O sucesso no aprendizado é visto como muito dependente do modo pelo qual essa apresentação é organizada uma vez que, segundo o empirismo, o aprendizado depende diretamente dos estímulos externos. A leitura é entendida como processo em sequência. Diante do texto, o leitor focaliza os segmentos da escrita e os reproduz em voz alta – focaliza as letras, combinando-as em sílabas e em palavras, para depois passar às frases e chegar à compreensão.

Nas aulas o professor decodifica, lendo em voz alta, sílabas, palavras ou frases curtas, e mostra como juntar sílabas para formar palavras. Diante dos estímulos escritos, cabe ao aluno dar as respostas previstas; não são valorizadas as respostas diferentes das esperadas, nem as manifestações de criatividade.

No ensino tradicional, a linguagem é valorizada como portadora de informações prontas, inclusive de processos intelectuais. Entende-se que os estímulos presentes no meio ambiente (apresentados pelo professor) imprimam-se na mente do aluno.

Da concepção piagetiana de conhecimento como resultante da interação do sujeito com os objetos do conhecimento decorre a alfabetização com ênfase nos processos intelectuais, realizados pelo sujeito em sua interação com a língua escrita. A alfabetização é vista como o acesso ao mundo letrado em toda a sua complexidade, não como simples aquisição de técnicas para a utilização do código alfabético, como ocorre no ensino tradicional. O estudo dos fatores do desenvolvimento cognitivo ajuda a perceber melhor o que diferencia a teoria de Piaget das demais teorias nas quais o trabalho docente pode se fundamentar.

Em texto intitulado "As operações intelectuais e seu desenvolvimento", Piaget e Inhelder (1969:159-63) apontam, como fatores das construções operatórias, a maturação do sistema nervoso; a experiência adquirida, a linguagem e a transmissão social; e a equilibração.

É atribuído papel importante no desenvolvimento das operações à maturação do sistema nervoso. Entretanto, isso não significa que as estruturas operatórias estejam pré-formadas nesse sistema. O cérebro não contém apenas conexões hereditárias, mas também muitas conexões adquiridas. Esse sistema abre possibilidades de ação ao indivíduo, mas a sua atuação nas construções operatórias depende do funcionamento intelectual em ligação com a experiência e com o meio social.

A experiência adquirida no meio ambiente é considerada fator relevante do desenvolvimento cognitivo, mas a leitura dessa experiência e a sua utilização constituem um processo de assimilação ativa, realizado pelo sujeito, não cópia das ligações entre os objetos presentes no meio ambiente. Por exemplo, o desenvolvimento da operação de seriar objetos não ocorre apenas porque, no ambiente em que a criança vive, há objetos de tamanhos diferentes, ordenados do maior para o menor, ou vice-versa. O desenvolvimento dessa operação vai depender de atividades com objetos de tamanhos diversos e de algumas outras operações já desenvolvidas pela criança, por exemplo, a classificação. Aliás, a própria escrita com que as crianças convivem não é diretamente incorporada segundo os padrões da escrita convencional, mas sim de acordo com as suas possibilidades cognitivas.

As coordenações mais elementares da ação, realizadas pelo sujeito, servem de apoio ao estabelecimento de novas coordenações. O desenvolvimento das estruturas de pensamento acontece com o apoio de outras, já construídas pelo indivíduo, sendo que a aprendizagem envolve, ela própria, uma lógica.

De acordo com essas explicações, a bagagem hereditária e o meio ambiente, apesar de serem importantes, não são os únicos que atuam no desenvolvimento cognitivo. Os conhecimentos, os modos de pensar e de raciocinar logicamente não são recebidos prontos: nós os construímos. Nessa construção, o ser humano é elemento ativo.

As ideias sobre o desenvolvimento operatório aclaram-se com o enfoque teórico dado à linguagem e à transmissão social (fatores ambientais). Ao tratarem do papel da linguagem e da transmissão social no desenvolvimento, Piaget e Inhelder (1969: 162) assinalam:

> Para compreender uma estrutura lógica expressa pela linguagem [...] o sujeito necessita de um instrumento de assimilação que implique o essencial dessa estrutura, sem o que ele não a assimila. A esse respeito, é impressionante constatar que até atingir as operações proposicionais (11-12 anos) o desenvolvimento operatório precede sua expressão verbal: todo o nível das operações "concretas" é disso a prova e mostra a ligação das estruturas operatórias mais com as coordenações das ações do que com sua verbalização. As trocas de influências sociais são também necessárias para a elaboração das estruturas operatórias, porém, mais sob forma de cooperação do que de transmissão imposta. Pelo menos ao analisarmos a interação social, encontramos um sistema de operações: reciprocidades, reuniões, interseções, negações etc. Nesse sentido, a interação é exatamente um sistema de cooperações, o que significa que as operações não são em sua fonte nem sociais nem individuais no sentido exclusivo desses termos, mas que exprimem as coordenações mais gerais das ações quer sejam estas executadas em comum quer no decorrer de adaptações individualizadas.

Essas afirmações evidenciam o reconhecimento da influência da linguagem no desenvolvimento da inteligência. Essa não é tratada como veículo que traria informações prontas do ambiente diretamente para a mente humana, mas como um instrumento cuja utilização depende de o sujeito já ter elaborado os meios necessários para entender as estruturas lógicas contidas na linguagem.

Em outras palavras, a compreensão de uma mensagem ouvida, como também a expressão de um enunciado, depende de a criança já ter elaborado as relações intelectuais expressas na mensagem ouvida, ou no caso da fala, necessárias para enunciar uma mensagem. Por exemplo, o sistema de parentesco – mãe, pai, avô, avó, tios, irmãos, primos, sobrinhos – encontra-se na linguagem do dia a dia. Mas se as relações entre os elementos do sistema ainda não foram elaboradas pelo sujeito, a mera linguagem ouvida não lhe assegura a compreensão das relações entre esses elementos, nem o seu emprego correto na comunicação, gerando algumas confusões, mesmo porque nesse caso a utilização adequada de cada elemento depende da compreensão do sistema de parentesco como um todo.

A linguagem como instrumento de comunicação possibilita as interações sociais e a cooperação intelectual, porém não imprime na mente humana os raciocínios contidos em uma mensagem. O indivíduo compreende os raciocínios, expressos verbalmente por outras pessoas, se já dispuser de instrumentos de pensamento que permitam a compreensão do conteúdo verbalizado. O pensar em termos práticos, isto é, com base em ações, antecede a abstração que embasa a linguagem.

Este enfoque da linguagem explica as situações em que os alunos ouvem o professor explicando determinados procedimentos, mas não os entendem; como a transmissão de informações em aulas expositivas, por exemplo, é compreendida de modo diverso, pelos diferentes alunos. Explica, também, a crítica referente ao ensino tradicional "a escola ensina quem já sabe".

O pensamento lógico resulta das ações realizadas pelo indivíduo no meio físico e social e das reflexões por ele desenvolvidas sobre suas atividades e sobre as relações que estabelece entre as suas ações e os pontos de vista diferentes, apresentados por outras pessoas a respeito do(s) objeto(s) do conhecimento.

Disso decorre que as situações que compõem o ensino podem afetar positivamente a aprendizagem e o próprio desenvolvimento dos alunos mediante situações que os envolvam e solicitem suas ações, suas manifestações e possibilitem o enfoque de um mesmo objeto segundo diferentes perspectivas, isto é, situações que constituam desafios, que envolvam conflitos cognitivos.

Os processos de abstração

Sobre a equilibração, fator que diferencia a contribuição piagetiana para o estudo do desenvolvimento cognitivo e para a própria educação, Piaget e Inhelder (1969: 162-3) assinalam que se as operações intelectuais são tiradas das ações e das coordenações das ações, isso significa que elas são continuamente construídas e reconstruídas. As abstrações a partir das ações são duplamente reflexivas: para atingir uma ligação, inconscientemente contida numa ação, o sujeito precisa projetá-la num novo plano, o da representação ou da tomada de consciência. Assim, a abstração reflexiva reconstrói a estrutura da ação, ampliando-a e enriquecendo-a. Esse processo consiste em transformar mentalmente as situações e os objetos; isso acontece, por exemplo, em estados de desequilíbrio, em conflitos cognitivos diante de problemas, em crises, nos quais o indivíduo reage recorrendo a operações de pensamento para reequilibrar-se.

Cabe lembrar aqui a distinção, feita por Piaget, entre a abstração empírica, que se apoia sobre os objetos físicos ou sobre os aspectos materiais das próprias ações do sujeito – movimentos, empurrões etc. – e a abstração reflexionante, nas quais o sujeito, apoiando-se em suas atividades cognitivas (esquemas ou coordenações de ações, operações, estruturas etc.) delas retira certos caracteres e os utiliza para outras finalidades (novas adaptações, novos problemas etc.). Sobre a abstração reflexionante Piaget (1995: 5-6) assinala:

> Assim ela é reflexionante em dois sentidos complementares, que nós designaremos como segue. Em primeiro lugar, ela transpõe a um plano superior o que colhe no patamar precedente (por exemplo, ao conceituar uma ação); e designaremos esta transferência ou esta projeção com o termo "reflexionamento". Em segundo lugar, ela necessariamente deve reconstruir sobre o novo plano B o que foi colhido do plano de partida A, ou pôr em relação os elementos extraídos de A com os já situados em B; esta reorganização, exigida pelo processo de abstração reflexionante, será designada por "reflexão".

Nas abstrações reflexionantes o sujeito transforma em objeto de pensamento as ligações que realizou de modo implícito (sem notá-las) num nível de evolução anterior. Na reflexão o sujeito reorganiza as coordenações de suas estruturas cognitivas já construídas para adequá-las aos novos dados com que se depara no meio ambiente.

O reflexionamento e a reflexão encontram-se desde os estágios iniciais do desenvolvimento cognitivo. Uma variedade da abstração reflexionante é a abstração pseudoempírica, que já é observada nos níveis representativos, mas ainda pré-operatórios, e no nível das operações concretas. Essas abstrações, embora se apoiem em objetos materiais, não decorrem das propriedades desses objetos, mas derivam-se das atividades que o sujeito desenvolve com os objetos. Deste modo, as abstrações apoiam-se na própria ação antes de se centrarem em si mesmas. Nos níveis superiores, a reflexão torna-se refletida, o pensamento torna-se reflexivo, voltando-se sobre si mesmo; isso permite ao sujeito refletir sobre os seus próprios pensamentos.

Do exposto decorre que não basta ao ensino solicitar atividades, mas também é necessária a reflexão sobre as atividades realizadas e, neste particular, as interações entre pares e os diálogos entre professores e alunos são fundamentais.

O desenvolvimento dos conhecimentos sobre a escrita

A ênfase atribuída na teoria de Piaget ao papel ativo que o sujeito desempenha em suas interações com o meio ambiente e, por decorrência, em sua própria evolução cognitiva, corresponde, na psicogênese da escrita, à construção de conhecimentos sobre a escrita antes do início da escolarização. As pesquisas de Ferreiro (1986) descrevem o processo de construção da escrita por parte das crianças, em seu dia a dia, no qual se distinguem fases que antecedem e conduzem ao acesso à escrita convencional. Na fase inicial – pré-silábica – a escrita é relacionada ao significado: por exemplo, na opinião de algumas crianças, as palavras que designam objetos muito grandes devem ser grafadas com muitas letras. Ao atingirem a hipótese silábica, utilizam uma letra para grafar cada sílaba, mas na escolha das letras podem considerar, ou não, os seus valores sonoros. As hipóteses sobre a quantidade mínima e variedade de letras para escrever marcam o início do período silábico-alfabético; a escrita aproxima-se do padrão convencional, mas pode ocorrer omissão de letras ou confusão quanto ao valor sonoro de algumas delas. Na fase alfabética, continuam elaborando hipóteses, sobretudo quanto à representação dos elementos menores (fonemas). As hipóteses formuladas são coerentes, apesar de, por vezes, as grafias não corresponderem à ortografia convencional.

Os resultados das pesquisas apresentados por Ferreiro (1986) sobre o percurso seguido pelas crianças na construção de conhecimentos sobre os modos de escrever revelam os processos de adequação que a criança faz em cada nível, evidenciando reestruturações sucessivas do que elaborou nos níveis precedentes. Evidenciam, também, a intervenção de diversas abstrações na dinâmica deste processo.

As abstrações empíricas manifestam-se na utilização das letras do alfabeto, muitas vezes grafadas com o formato convencional, o que indica a abstração da configuração dessas letras. Porém, estas são utilizadas aleatoriamente, não como se apresentam nos escritos sociais (uma vez que os esquemas disponíveis ainda são insuficientes para a reflexão sobre a estruturação da própria ação). Prevalece a abstração empírica apoiada nas letras que são os objetos presentes no meio ambiente, a criança ainda não toma sua própria ação como objeto de reflexão. Com a intervenção da abstração reflexionante, inicia-se a coordenação das ações necessárias à representação escrita e à esquematização de novos modos de agir. A criança transforma em objeto de pensamento as relações que já conseguiu estabelecer: por exemplo, começa a usar uma letra para representar cada sílaba, depois observa a quantidade mínima e a variedade de letras ao escrever. Ao tomar a própria ação como objeto de reflexão, vai reajustando suas produções gráficas até que comece a refletir sobre suas próprias ideias, sobre suas hipóteses a respeito da escrita, ponderando com base nos conhecimentos já construídos, reestruturando suas ações no plano das representações, do que resulta o acesso à escrita alfabética.

As orientações pedagógicas

O desenvolvimento de conhecimentos sobre a escrita (mesmo antes do ensino formal) por parte das crianças pode, por equívoco, conduzir a práticas pedagógicas, orientadas por uma postura apriorista; neste caso o ensino se limita a proporcionar um ambiente cheio de escritos, sem que haja trabalho pedagógico para propiciar a interação das crianças com eles. A alfabetização é vista como uma questão de tempo, pois, "a qualquer momento a criança vai começar a ler".

Um dos pressupostos do construtivismo como proposta pedagógica é que, nas atividades que a criança desenvolve, esforçando-se para ler e escrever, ela descobre a função social da escrita bem como o código alfabético mediante a identificação de seus elementos e das regras da escrita convencional. A criança formula hipóteses a respeito da estruturação da escrita, de suas unidades e de seu funcionamento, para depois modificar as hipóteses que se mostrarem inadequadas e continuar utilizando as que, em seu entender, são válidas.

Neste processo, considera-se que a compreensão orienta o desenvolvimento da leitura. As estratégias básicas de leitura são a elaboração de hipóteses e a realização de inferências que permitem antecipar e compreender o conteúdo de um texto, ou seja, identificar palavras sem necessariamente analisar cada letra. Neste enfoque, o ato de ler corresponde à conceituação de leitura como processo inteligente; o leitor, recorrendo aos seus conhecimentos anteriores e aos seus recursos cognitivos, antecipa o conteúdo do texto, formulando hipóteses. O leitor (mesmo o aprendiz) utiliza o texto e o contexto para confirmar, ou não, as suas hipóteses sobre o que está escrito. Aprender a ler é aprender a compreender a partir da observação da escrita e de sua utilização em situações de comunicação, é aprender a utilizar sinais pequenos (uma letra simples, acentos) para elaborar o sentido do texto.

As reflexões, a construção e a reconstrução das estruturas cognitivas que o ser humano realiza de modo muito ativo para compensar as perturbações do meio (atuais ou antecipadas), descritas por Piaget, colocam para o ensino a necessidade de prever procedimentos didáticos que incluam a realização desses processos nas situações de aprendizado.

As práticas pedagógicas

Neste contexto, emerge a questão do desenvolvimento de uma didática da alfabetização não redutível ao inatismo, nem ao empirismo que caracteriza o ensino tradicional, e que, aliás, ainda é vigente em nossas escolas. Aqui as coisas se complicam porque na didática tradicional as atividades são bem definidas, centradas em si mesmas, assim como o fazer docente. Isso não corresponde à proposta construtivista, considerando os seus fundamentos epistemológicos. A identificação do perfil das atividades didáticas torna-se mais difícil porque, por um lado, a psicogênese da escrita mostra que as crianças constroem conhecimentos, mas, ao iniciar a escolaridade, muitas delas ainda encontram-se nas fases iniciais desse processo que é bastante laborioso e nele acabam agindo diversas variáveis.

Segundo Purcell-Gates (2004: 31), estudos sobre a alfabetização familiar revelam que aprendizagens de linguagem escrita, realizadas por crianças antes da escolarização, não são sempre as mesmas porque são limitadas pelas formas com que as pessoas de sua família e comunidades sociais utilizam a escrita.

Alguns professores, que discordam do enfoque das crianças como sujeitos que elaboram conhecimentos, alegam que seus alunos apresentam muita dificuldade no aprendizado. Eles não percebem que caminham na contramão do processo desenvolvido pelas crianças; esperam respostas de acordo com um modelo em situações de ensino padronizadas que não correspondem ao enfoque que seus alunos fazem da escrita.

A concepção pedagógica construtivista – cujo referencial teórico explica o desenvolvimento da inteligência e a construção de conhecimentos mediante as atividades efetuadas pelos indivíduos em suas interações com o meio físico e social, tendo como apoio os objetos do meio ambiente e as interações sociais – pressupõe um ensino que incorpore essa visão de homem e de conhecimento com toda a dinâmica do processo cognitivo e a sua diversificação e especificidade.

A visão do aprendiz como um ser capaz de construir os conhecimentos, inclusive os linguísticos, corresponde à diminuição do poder atribuído à interferência externa no aprendizado. Exemplo disso é a estruturação do material de leitura utilizado no ensino e dos exercícios, voltados para o estabelecimento de correspondências entre elementos do código oral e escrito (cópia, leitura em voz alta, ditado). Mas, na prática, as coisas não são simples.

Nas tentativas de aplicar a proposta construtivista, os professores indagam sobre a medida de sua interferência nas interações das crianças com os escritos. Eles percebem que os alunos não evoluem no mesmo ritmo – alguns avançam rapidamente, outros nem tanto.

Do ponto de vista da prática pedagógica, esse enfoque teórico da alfabetização propõe a importância de o professor estar atento às manifestações das crianças para propiciar atividades compatíveis com seu nível cognitivo, de modo a equilibrar os processos de assimilação e acomodação referentes à escrita como código e como atividade cultural.

Convém lembrar que os processos de assimilação e de acomodação encontram-se nos atos intelectuais em qualquer etapa do desenvolvimento cognitivo. Os atos cognitivos, mesmo os mais simples, envolvem a interpretação por parte do sujeito de dados da realidade exteriores a ele e a assimilação desses dados a algum significado dentre os significados já construídos que se encontram em sua organização cognitiva.

Se os esquemas de ação de que o sujeito dispõe se mostrarem adequados ao objeto de estudo, este é incorporado a esses esquemas. Mas, se forem insuficientes para assegurar a assimilação desse objeto, a situação propõe ao sujeito a necessidade de modificar seus instrumentos intelectuais para ajustá-los a esses objetos e para que a assimilação possa acontecer. Se houver equilíbrio entre esses dois processos, o pensamento evolui.

De modo análogo, espera-se que as sucessivas modificações dos procedimentos, utilizados pelas crianças em suas tentativas de ler e de escrever, bem como a realização de novas assimilações, conduzam à leitura e à escrita convencionais. Porém esse processo não é simples, porque, se a situação exigir do sujeito diversificação de seus instrumentos intelectuais muito distantes dos que já construiu, isto é, atuações cognitivas muito mais sofisticadas do que aquelas de que ele é capaz, a evolução pode não ocorrer. Neste caso é possível que ocorra a imitação, como a observada em condições escolares nas quais o estudante decora sem ter entendido. Por outro lado, assinala Piaget (1995: 285): "se as acomodações são muito conhecidas, não há mais atividade, porque o conhecimento exige uma alimentação constantemente renovada dos esquemas".

Do ponto de vista pedagógico, isto significa muito no processo de alfabetização. Por exemplo, as situações didáticas propostas para a interação das crianças com a escrita podem não ser indiscriminadamente adequadas para todas as crianças. O antigo sistema de ensino de esperar a mesma resposta por parte de todos os alunos não se justifica, portanto não cabe no contexto construtivista, uma vez que as interações de cada indivíduo com a escrita dependem de suas estruturas cognitivas e dos conhecimentos que ele já elaborou. Os diálogos são indispensáveis para que haja troca de informações entre professores e alunos e o desenvolvimento de reflexões neste processo ocorra.

As diferenças entre os alunos, em vez de dificultar, podem auxiliar o trabalho pedagógico; as interações entre pares constituem fator favorável ao aprendizado.

Quem ensina necessita ultrapassar os conhecimentos do senso comum para interpretar as exigências que as diferentes respostas dos alunos propõem ao ensino quando eles dispõem de oportunidade para dizer o que estão pensando.

Cabe assinalar que as variações das interações dos aprendizes com o ensino da escrita são conhecidas dos professores. Eles as identificam nas aulas, nas realizações das crianças, mesmo ao ensinarem conforme a didática tradicional. Isto é visível nas avaliações do aprendizado.

Apesar do tempo, lembro-me de uma observação, feita em sala de aula, quanto à escrita que um menino, L. H., fez no ditado da palavra "boba" (parte do estudo da família fonêmica "ba, be, bi, bo, bu"). L. H. grafou a letra "b" e, em seguida, a letra "α" sobre a letra "o", ou seja, grafou um círculo com um pequeno prolongamento para cima e outro para baixo, escrevendo "bα" no lugar de "boba". Após a explicação sobre a necessidade de colocar a letra "b" com a vogal "o" e, de novo, a letra "b", agora com a vogal "a", ele passou a escrever corretamente esta palavra, mas continuou a "economizar" grafias. Se a palavra fosse "batata" ele grafava "bata"; se fosse "macaca" ele escrevia "maca" etc.

A questão que se coloca é a de adequar a orientação didática às variações de compreensão. Este processo não é de fácil realização. Sobre a epistemologia genética e prática pedagógica, Becker (2012), baseando-se em várias pesquisas realizadas no Rio Grande do Sul, assinala:

> Compreendemos assim que a escola, no que concerne à educação básica, desconhece soberbamente como se dá o desenvolvimento cognitivo humano e, na sua extensão, a aprendizagem; do mesmo modo, ignora a distinção fundamental entre conhecimento-conteúdo e conhecimento-estrutura, centrando-se sobre a assimilação pelos alunos, do primeiro, descuidando quase completamente da construção do segundo. Isso é, tem como objetivo acumular conteúdos e não construir capacidades – o

> que implica assimilação de conteúdos progressivamente complexos – ou, o que dá no mesmo, aumentar a capacidade de aprender. Compreendemos assim que os processos escolares não apenas funcionam na contramão da concepção de desenvolvimento cognitivo da Epistemologia Genética, mas, também, que seu trabalho é fundado por epistemologias acientíficas que prefiro chamar de epistemologias do senso comum – empirismo ou apriorismo. É claro que há exceções, honrosas exceções; nós conhecemos algumas delas e as admiramos. Mas que fique claro, trata-se de minoria que está longe de atingir significação estatística.

As afirmações de Becker (2012) propõem diversas reflexões. Dentre elas destacamos a questão das diferenças entre os planos do discurso e o das práticas pedagógicas e a questão da formação docente. Os investimentos que têm sido feitos pelas várias instâncias governamentais na formação continuada de professores têm produzido discursos "pedagogicamente corretos". Mas esses discursos, com algumas exceções, contrapõem-se ao que acontece na prática, como revelam pesquisas mencionadas por Becker (2012) e a realizada por Schuveter (2008). Os cursos de graduação deixam a desejar no tocante à formação para o ensino na educação básica, como assinala Gatti (2011). Grande parte dos professores encontram dificuldades para transformar as práticas tradicionais que desenvolveram com muita dificuldade no início do magistério e conseguir acolher a perspectiva das crianças no ensino, como revela estudo feito por Micotti (2004).

Os adeptos do construtivismo consideram os conhecimentos relativos às apropriações que a criança faz das práticas de leitura e escrita como fundamentais para entender e orientar sua aquisição. Reconhecem que, inicialmente, o principiante não age como um leitor experiente, mas procura, a seu modo, compreender e expressar significados. As interações da criança com os escritos constituem o eixo do trabalho pedagógico. Nas aulas, são valorizadas as atividades e as produções textuais, mesmo quando elas se distanciam das convencionalmente consideradas corretas. De qualquer forma, cabe ao ensino contextualizar o trabalho de modo que este se insira nas experiências socialmente vividas pelas crianças.

Na construção da escrita, as produções diferentes das convencionais são aceitas, como ocorre em relação ao desenho infantil. Porém, essas produções são vistas como provisórias e passíveis de desenvolvimento. Portanto, no início, a escrita convencional não é exigida. Cabe ao professor analisar as produções infantis e proporcionar condições para que evoluam. O conceito de erro se modifica. Este é visto como fonte de informação para o professor, ao invés de indicar falta de atenção ou fracasso do aluno. A avaliação serve para informar a professores e alunos a respeito de seus acertos e de suas necessidades de mudança. Na prática, é comum o entendimento que isso dispensa a avaliação, porém isto constitui um equívoco.

Alguns conflitos

Uma das grandes questões propostas pelo construtivismo à alfabetização como prática pedagógica é a de resolver os conflitos gerados pelo paradigma de apropriação pelo indivíduo de procedimentos resultantes de convenções que fundamentam a escrita. O acesso à escrita convencional envolve a aquisição de conhecimentos socialmente construídos, cujo desenvolvimento requer interação social. Sobre o assunto, Teberosky (2000: 70) assinala:

> No processo de aprendizagem, os indivíduos não podem deixar de levar em consideração que a escrita e a linguagem escrita obedecem a regras ou convenções de funcionamento. Nem todas as regras e convenções, porém, são evidentes por si mesmas, algumas delas requerem uma prática mais ajustada, compreendida e compartilhada com outros, isto é requerem ensino. Por isso grande parte das atividades normativas é frequentemente realizada em situações institucionais, particularmente, na escola.

Apesar de as crianças por si mesmas poderem descobrir muita coisa e elaborar conhecimentos sobre a escrita, o caráter convencional desta favorece o enfoque da alfabetização como processo que comporta ensino. Isso tem sustentado a defesa da integração de diferentes abordagens teóricas no processo de aquisição da escrita. Smith (1999: 65) observa que

> É através do sentido que as crianças aprendem a ler, e enquanto elas não conseguirem ler suficientemente bem para entender o sentido do que estão fazendo alguém deve ajudá-las. As crianças aprendem a ler, lendo, mas não de uma vez só. Elas avançam gradativamente, enquanto outras pessoas as ajudam com as dificuldades durante os primeiros estágios.

Além disso, acrescenta que a aprendizagem das palavras ocorre mais facilmente com a leitura significativa. Smith (1999) não apenas coloca a participação da ajuda (o ensino) no aprendizado das convenções gráficas, mas acentua também as relações do aprendizado da escrita com a linguagem oral.

Entre os pesquisadores não há consenso sobre as relações da escrita com a língua oral. Segundo Colomer e Camps (2002: 19) há grupos de pesquisadores que focalizam a escrita como algo dependente da língua oral, outros que defendem a independência total entre elas e, ainda, outros grupos que defendem uma relação de equivalência, considerando-as como realizações distintas de um mesmo sistema linguístico. As autoras acrescentam que nas últimas décadas, com a inter-relação de várias disciplinas científicas, as comunicações, oral e escrita, são concebidas como duas realizações discursivas da língua. Este enfoque gera orientações pedagógicas diferentes das tradicionalmente vigentes no ensino.

Jolibert (1994: 14) focaliza a leitura como atribuição de sentido ao texto, não decifração. Com a exploração de textos espera-se que os estudantes, observando as características dos escritos, percebam as diferenças e os aspectos comuns existentes entre eles, identificando e produzindo os vários tipos de texto e a sua utilização em situações de comunicação. Espera-se também que, recorrendo a indícios do texto e do contexto social em que esse se insere, façam inferências sobre o seu significado. Espera-se ainda que percebam as características do código e, pela identificação de semelhanças e diferenças, consigam perceber a estruturação desse código. Espera-se muito mais, ou seja, que mediante as atividades de leitura e escrita aprendam a utilizar o alfabeto, estruturando os seus elementos de acordo com os padrões da escrita convencional.

Conseguir escrever textos de modo convencional envolve superar o conhecimento da relação entre grafias e sons em uma lição da cartilha. Isto significa que não basta decorar, por exemplo, uma lição, para conhecer a escrita, pois essa tarefa só envolve a identificação das letras do alfabeto. Somente conhecer o alfabeto não é saber ler e escrever. Saber ler e produzir textos escritos em situações reais de comunicação exige – mediante reflexão e tomada de consciência dos parâmetros das situações sociais em que diferentes textos são utilizados – a distinção entre a posição do autor e do interlocutor, e não apenas o domínio de um código. Isto é muito diferente de copiar, de escrever quando o professor dita palavras e pequenas frases ou de repetir a leitura oral que ele fez.

As crianças desenvolvem espontaneamente conhecimentos sobre a escrita, mas muitos fatores interferem neste processo; dentre eles a motivação do aprendiz, seu desenvolvimento cognitivo, as interações que estabelece com outros leitores, por exemplo.

As interações de cada criança com a escrita dependem de suas estruturas cognitivas. No ensino, o processo de construção dos conhecimentos depende das concepções epistemológicas subjacentes às práticas didático-pedagógicas. E o sucesso no aprendizado vincula-se à correspondência entre a busca de compreensão do mundo que a criança empreende e o que a escola lhe proporciona, como assinala Charlot (2005).

As interpretações equivocadas do construtivismo piagetiano se inter-relacionam e trazem sérias consequências para o ensino e o aprendizado da escrita. Por exemplo, a aplicação na prática educacional da versão cognitivo-individualista exclui a interação entre os estudantes empobrecendo a sua relação com o objeto do conhecimento – a escrita. A falta de intercâmbios sociais nas aulas reduz as possibilidades de o objeto de estudo ser visto de acordo com pontos de vista diversos. A exclusão e a restrição da interação entre as crianças durante os estudos não correspondem ao enfoque dado pela psicologia genética aos intercâmbios sociais na construção da inteligência.

Enfim, as abordagens apriorista e empirista do ensino, comuns nas escolas, não encontram respaldo no construtivismo piagetiano, como revelam as explicações teóricas sobre a construção do pensamento operatório e sobre as relações da aprendizagem com o desenvolvimento cognitivo.

Referências

AEBLI, H. *Didática psicológica*: aplicação à didática da psicologia de Jean Piaget.Trad. João Teodoro d' Olim Marote. São Paulo: Ed. Nacional/Ed. da USP, 1971.

BECKER, F. *Educação e construção do conhecimento.* Porto Alegre: Artmed, 2001.

_______. *Epistemologia genética e prática pedagógica*: contribuições à educação básica. Caxias do Sul: Anped Sul, 2012. E-book.

CHARLOT, B. *Relação com o saber, formação de professores e globalização*: questões para educação hoje. Porto Alegre: Artmed, 2005.

COLOMER, T.; CAMPS, A. *Ensinar a ler, ensinar a compreender*. Trad. Fátima Murad. Porto Alegre: Artmed, 2002.

FERREIRO, E. *Reflexões sobre a alfabetização.* Trad. Horácio Gonzáles et al. São Paulo: Cortez, 1986.

GATTI, B. G. Licenciaturas: características institucionais, currículos e formação profissional. In: ZAMBELLO DE PINHO, S. (org.). *Formação de educadores*: dilemas contemporâneos. São Paulo: Ed. Unesp, 2011.

JOLIBERT, J. (coord.). *Formando crianças leitoras.* Trad. B. C. Magne. Porto Alegre: Artes Médicas, 1994.

_______. Prefácio de obra coletiva do Projeto Raios de Sol. In: MICOTTI, M. C. de O. (org.). *Leitura e escrita*: como aprender com êxito por meio da pedagogia por projetos. São Paulo: Contexto, 2009.

MICOTTI, M. C. de O. Alfabetização: o aprendizado do ensino. In: MICOTTI, M. C. de O. (org.). *Alfabetização*: os caminhos da prática e a formação de professores. Rio Claro: Instituto de Biociências – Unesp, 2004.

PIAGET, J. *La psychologie de l'intelligence*. Paris: Librairie Armand Collin,1967.

_______. *Abstração reflexionante*: relações lógico-aritméticas e ordem das relações espaciais. Trad. Fernando Becker e Beatriz Gonçalves da Silva. Porto Alegre: Artes Médicas, 1995.

_______; INHELDER, B. As operações intelectuais e seu desenvolvimento. In: FRAISSE. P.; PIAGET, J. *Tratado de Psicologia Experimental*, v. 2. Trad. Eduardo Diatay Bezerra de Menezes. Rio de Janeiro: Forense, 1969, pp.117-65.

PURCELL-GATES, V. A alfabetização familiar. In: TEBEROSKY, A. et al. *Contextos de alfabetização inicial.* Trad. Francisco Settineri: Porto Alegre: Artmed, 2004.

SCHUVETER, M. H. *A interação professor-aluno nas atividades de escrita:* um estudo em salas de 1º ano do ensino fundamental. Rio Claro, 2008. Dissertação (Mestrado em Educação) – Instituto Biociências, Unesp.

SMITH, F. *Leitura significativa.* Trad. Beatriz Affonso Neves. Porto Alegre: Artmed, 1999.

TEBEROSKY, A. *Aprendendo a escrever*: perspectivas psicológicas e implicações educacionais. Trad. Cláudia Schilling. São Paulo: Ática, 2000.

Metodologia do processo de alfabetização

Hoje em dia, o estudo dos métodos de alfabetização impõe-se como instrumento importante para a compreensão do que acontece nos domínios das práticas didáticas, apesar de ser, por vezes, apontado como desnecessário diante das novas perspectivas teóricas que marcam as práticas e o aprendizado da leitura e da escrita.

Em sala de aula, com frequência, diversos métodos, até mesmo os mais antigos, fazem-se presentes, orientando as atividades de professores e alunos. Identificar os diversos métodos, sua aplicação no ensino e as modalidades de práticas a eles correspondentes é relevante para a identificação de processos que ocorrem na educação escolar e na problemática da formação docente.

No ensino geralmente ocorre a aplicação de metodos tradicionais em que predominam os conhecimentos que os docentes moldaram na própria prática com o auxílio de colegas mais experientes. Esta modalidade de "formação em serviço" contribui de maneira significativa para a conservação das práticas pedagógicas ao longo do tempo.

O atual cenário socioeducacional que impõe mudanças à ação escolar estimula a procura de outros modos de alfabetização, desencadeando medidas institucionais que, se por um lado são adotadas à revelia dos integrantes do magistério, por outro buscam inserir-se nas práticas dos professores, provocando impactos no ensino sem atingir os resultados previstos em suas justificativas.

No ensino acontecem algumas confusões; por exemplo, as interações das crianças com textos são confundidas com a aplicação do método global. Outras vezes, a aplicação da proposta construtivista é confundida com o método alfabético. Não é pouco comum a introdução de textos como pretextos para realizar a silabação.

Para quem realiza o trabalho pedagógico, coloca-se a questão de como agir em situações complexas em que o ensino é criticado por permitir que alunos avancem na escolaridade sem que saibam ler e escrever.

A compreensão do que se passa no processo de alfabetização pressupõe a identificação no trabalho escolar das práticas vinculadas a concepções teóricas distintas – às novas e às tradicionais. O estudo dos métodos de alfabetização e das novas tendências didáticas constitui subsídio para as opções dos docentes porque facilitam a identificação das diversas orientações teóricas encontradas nas práticas pedagógicas. Além disso, este estudo pode ajudar a entender o contexto histórico, sociológico e político das práticas de leitura, populares ou elitistas, nos quais a aplicação destes métodos se insere.

Chartier (2011: 56), em retrospectiva histórica do enfoque dado em publicações à leitura como prática social e como objeto de ensino, destaca a introdução do termo "letramento" por Walter Ong, em 1982 no ensaio "Orality and Literacy: the Technologizing of the Word", que "designa atividades humanas que implicam o uso da escrita, assim como a oralidade designa o conjunto de atividades humanas que implicam o uso da palavra viva". Destaca ainda a distinção feita por Goody para designar diferentes graus de utilização da escrita em sociedades onde esta se faz presente, entre letramento restrito e letramento generalizado. Nas sociedades em que o letramento é restrito, sobretudo utilizado em atividades religiosas, a escrita coexiste com as culturas orais sem que com elas se integre, ao passo que o letramento generalizado é o que se encontra nas sociedades contemporâneas em que a oralidade é permeada pela escrita. A distinção entre modalidades de letramento evidencia "os limites da alfabetização popular".

O enfoque dos "limites da alfabetização popular" propicia novos olhares para o que acontece hoje em nossas escolas – o avanço na escolaridade com baixos graus de domínio da leitura e da escrita. Em geral, na alfabetização a leitura é ensinada como decifração e a escrita, como codificação. Deste modo, o "trabalho com textos" fica como subproduto da codificação, exercitada em cópias e ditados. É importante destacar que as práticas de leitura dos escolares vinculam-se às práticas solicitadas nos métodos de ensino da leitura e estes, como assinala Chartier (2011: 57-8), correspondem às expectativas relativas às práticas de leitura, vigentes ao longo do tempo nas sociedades.

Os métodos de alfabetização – a classificação

As denominações e classificações dos métodos de ensino variam. Suas designações modificam-se, dependendo do referencial em que se baseiam. Há denominações vinculadas a aspectos do processo leitor, isto acontece com os nomes "sintético" e "analítico", que se referem às atividades de análise e síntese, implícitas na leitura. Outras, tais como "método alfabético", "palavração" e "sentenciação", vinculam-se ao ponto de partida utilizado no ensino. As denominações "global" e "ideovisual" referem-se ao enfoque mais solicitado na leitura, ao passo que as designações "método auditivo", ou "visual" referem-se ao sentido que seria mais solicitado no ensino. Atualmente é bastante comum a utilização da expressão "proposta construtivista" com referência ao trabalho didático de alfabetização. Neste caso, a designação vincula-se a um determinado enfoque teórico do processo de ensino e aprendizado.

A classificação dos métodos, sobretudo no passado, foi proposta por diferentes pesquisadores. De acordo com Galifret-Granjon (1958: 380) no final do século XIX, Guillaume distinguiu duas grandes categorias – a dos métodos sintéticos e a dos métodos analíticos, além da categoria dos métodos analítico-sintéticos e sintético-analíticos.

Segundo Mialaret (1966: 9-10), Simon reconhece apenas dois métodos, um que começa pelo estudo das correspondências entre elementos da escrita e os sons da língua falada e outro que, visando chegar ao mesmo resultado, coloca o iniciante em contato com a escrita. O primeiro é denominado "sintético" porque quando a criança aprende a ler cada elemento deve sintetizar diversas leituras em uma só. O outro procura obter o mesmo resultado colocando a criança em contato direto com a escrita. Parte dos próprios agrupamentos, das palavras, por exemplo, para chegar às partes que a compõem.

Gray (1961: 75), baseando-se em Simon e em outros autores, propõe a classificação dos métodos em dois grupos – os sintéticos e os analíticos. Considerando a possibilidade de classificação entre eles propõe o grupo dos métodos analítico-sintéticos.

Métodos sintéticos

No grupo dos métodos sintéticos incluem-se os métodos: alfabético, em que o ensino tem início com o estudo das letras; silábico, que utiliza o estudo das sílabas como base para o aprendizado da leitura; e fônico, que se inicia com o estudo das correspondências entre sons e letras.

MÉTODO ALFABÉTICO

É um dos mais antigos e, de modo geral, corresponde à descrição feita por Marrou (1966: 237-46) sobre o ensino realizado na Grécia no período helenístico:

> A criança aprende pela ordem as vinte e quatro letras, não como costumamos fazer hoje, dando-lhes seu valor fonético, mas dizendo-lhes os nomes – alfa, beta, gama, delta – e, parece, a princípio ver-lhes as formas mas logo apresenta-se-lhes um alfabeto cujas letras, em minúscula, são dispostas em várias colunas. As crianças recitam esta lista, sem dúvida cantarolando...

Segundo Marrou (1966: 241) após o estudo do alfabeto iniciava-se o estudo das sílabas simples, depois o das sílabas com três letras e em seguida os agrupamentos mais complexos. Após o estudo de todas combinações começava o estudo das palavras – as palavras compostas por uma sílaba, a seguir compostas por duas sílabas, depois as formadas por três sílabas etc. A escrita gradua-se pela sequência: letras isoladas, sílabas, palavras, frases curtas, textos.

O ensino na Grécia Antiga primava pela organização em uma sequência lógica. A instrução primária era dedicada à leitura e à escrita e não se voltava para a gramática ou para a redação, às quais dedicavam-se estudos mais avançados.

A leitura silenciosa raramente era praticada na Antiguidade. A pessoa lia para si mesma em voz alta, ou de preferência mandava um servidor ler para ela e este era o método de ensino. Comparando um manual escolar do final do século III a.C. com um "caderno" escolar egípcio do século IV d.C. é supreendente a identidade do procedimento adotado em um período tão longo. Os estudantes encontravam dificuldades neste ensino.

Na época helenística a alfabetização era vista como um processo demorado. Platão já considerava que um período de quatro anos não era demais para ensinar a ler. Sobre o assunto, Marrou (1966: 238) menciona que Herodes Atico, preocupado com as dificuldades de seu filho para memorizar os nomes da letras alfa, beta... teria imaginado criar vinte e quatro escravos com a idade de seu filho, cada um deles com o nome de uma das letras do alfabeto.

Algumas inovações pedagógicas foram feitas pelos romanos, como por exemplo é citado o uso de letras de madeira, mas de modo geral o ensino segue o modelo grego, cabendo à escola primária o ensino das letras na faixa etária dos 7 aos 11 ou 12 anos.

É interessante notar que, apesar da distância que separa a civilização greco-romana da atualidade, o método alfabético e as dificuldades dos alunos continuam existindo no decorrer do tempo em diferentes lugares.

MÉTODO FÔNICO

Na aplicação do método fônico é focalizada a correspondência entre sons e grafias.

Atualmente, são feitas pesquisas sobre as relações entre o desempenho dos indivíduos em leitura e em atividades de segmentação de palavras — a chamada consciência fonológica. Os resultados dessas pesquisas são utilizados em defesa do método fônico.

A consciência fonológica consiste no conhecimento das propriedades fonológicas das palavras, ou seja, na capacidade de perceber as unidades de segmentação – rimas, sílabas, fonemas. Na aquisição da escrita, é dada ênfase ao desenvolvimento dos processos fonológicos, baseados em hipóteses de correspondência entre sons e letras e os sons das palavras.

Morais (1996: 261) assinala que a consciência fonológica constitui a base para o aprendizado. Destaca a importância do desenvolvimento da consciência fonológica e da realização da instrução direta e explícita do código alfabético para o sucesso do ensino. Entendendo que a descoberta do princípio alfabético pela criança constitui o elemento-chave para o aprendizado, cabe ao ensino da leitura acentuar o estabelecimento das correspondências grafo-fonéticas.

A instrução e a consciência da segmentação das palavras são fundamentais nos argumentos a favor do método fônico nas discussões atuais sobre as abordagens da leitura.

As pesquisas que compõem essa perspectiva teórica com suas decorrências para o ensino são realizadas em diferentes países, sobretudo nos de língua inglesa, e inclusive no Brasil onde são desenvolvidos estudos como os de Capovilla e Capovilla (2004).

A realização de pesquisas sobre o desenvolvimento da consciência fonológica, que acentuam o papel da segmentação de palavras e o estudo de elementos sonoros e gráficos, oferece argumentos para a defesa da aplicação deste método de ensino.

SILABAÇÃO

O método silábico ainda é muito utilizado no ensino. Sua aplicação varia bastante quanto à ordem em que as sílabas são estudadas e essa variação encontra-se em diferentes cartilhas. Na prática, é possível iniciar o ensino com o estudo das sílabas resultantes da combinação de várias consoantes com uma mesma vogal – "ba, ca, da, fa, la", por exemplo.

Uma professora comenta sobre seu trabalho com a silabação:

> Trabalhava com cartazes. Não sei se você conhece o BACADÁ. Começava unindo todas as consoantes com o A. A pata nada. A macaca é má. A casa é da Zazá. A gente então destacava a palavra da frase, tirava a sílaba só com A e ia formando outras palavras. Depois de formar todas as sílabas com A, iam entrando as outras

> vogais e com isso as crianças aprendiam lha, nhã, chá, o outro xá da caixa o chá do chapéu, os sons do S em casa, sapato. Eu achava o método ótimo, sempre dando 100% de alfabetização e alfabetização boa, porque eu ia receber a mesma classe, no segundo ano, normalmente. (Lanzoni, 2000: 25-6)

Mas é possível também iniciar o ensino com o estudo das combinações de uma consoante com as vogais, o que conduz ao ensino das famílias silábicas, "ba, be, bi, bo, bu", por exemplo.

Assim uma professora escreve seu trabalho na alfabetização:

> Sabe, às vezes eu contava historinhas pras crianças considerando as vogais. Aí, as sílabas a gente considerava como famílias e ia depois casando aquelas famílias com aquelas vogais que eles já conheciam a história. Formavam palavras, de palavras formavam frases até conseguir construir textos. Então, quando percebia que eles já tinham umas cinco famílias conhecidas, aí eu já elaborava textos prá eles. Vinha então a interpretação de textos.
> Colocava aquele trechinho. No começo umas quatro linhas e tinha um enredo: começo, meio e fim, e já fazia interpretação de texto na primeira série. Fazia perguntas, eles respondiam, tudo de acordo com sílabas que já tinham aprendido. Fazia exercício de "ligar","formar palavras" e a criança começava a descobrir a leitura, a escrita. Eles passavam pra livrinhos de histórias dos mais simples, então já conseguiam ler seu livrinho de histórias. Quando chegava mais ou menos no mês de junho já estavam lendo razoavelmente. Aí a segunda parte do ano a gente trabalhava mais com as sílabas dobradas. Mas a gente ia vendo o progresso da criança. Então, cartilha, pouco usei. Gostava de formar textos com eles e a interpretação do texto. Então a criança não lia mecanicamente. Ela já ia aprendendo a raciocinar, a descobrir coisas naquele texto. Não era leitura mecânica. Era com compreensão. Eu achava que dava ótimos resultados. (Lanzoni, 2000: 25-6)

O estudo das sílabas complexas, como as formadas por consoante, consoante e vogal, denominado de "dificuldades" pelas professoras, é feito após o das sílabas simples. As atividades didáticas consistem, sobretudo, em cópia, leitura e ditado das sílabas já estudadas e das palavras com elas formadas.

Em cada lição, os textos, em geral muito pequenos (quando não são substituídos por algumas sentenças isoladas), restringem-se às palavras compostas pelas sílabas já estudadas, limitando as possibilidades de trabalhar textos referentes às vivências daquele grupo de alunos ou relacionados a assuntos de seu interesse. Enfim, os textos propostos para a leitura são artificiais, presos às estruturas silábicas estudadas até o momento, e pouco atraentes para as crianças.

O aprendizado consiste na memorização da correspondência entre as grafias das sílabas e os sons, mediante as frequentes repetições em leitura, cópia e ditado.

Na prática, os métodos sofrem variações introduzidas em sua aplicação pelos professores; estes podem utilizar recursos diversos para realizar o trabalho pedagógico. O ensino pela silabação e com uma mesma cartilha pode ocorrer de diferentes maneiras, por exemplo, com a associação de cada família silábica com um gesto ou com um desenho ou simplesmente mediante a escrita da lição na lousa e a leitura em voz alta.

Em relação aos depoimentos das professoras anteriormente transcritos, observamos a descrição de medidas para contextualizar o estudo das sílabas com a introdução, no primeiro depoimento, de uma sentença da qual é destacada uma palavra e desta é retirada a sílaba que será focalizada e no segundo caso, de uma história contada pela professora, para apresentar as vogais. Cabe assinalar que a sentença mencionada, parte da lição de uma das cartilhas que no passado era muito utilizada, nem sempre era decomposta em palavras ou sílabas. Isso ocorria somente em alguns casos; em geral, a sentença e a palavra, em cuja composição entrava em pauta a sílaba, eram apresentadas oralmente pela professora e a sílaba era escrita na lousa.

Na época era comum a narração da história de cinco irmãozinhos, algo como: há uma família que tem cinco irmãozinhos (o que na época do ensino, objeto do depoimento, também era comum). A primeira irmãzinha é uma menininha que usa uma trancinha, (neste momento era escrita a letra "a" manuscrita), é muito chorona e, por qualquer motivo, ela grita "ah" (e a professora escrevia "a"). Seu irmãozinho dava um laço no dedinho (e a professora escrevia "e"), o outro irmãozinho é muito magrinho, vive resfriado e usa um bonezinho (e a professora escrevia "i"), e assim por diante; deste modo eram apresentadas as vogais, cujo estudo antecedia o das sílabas simples.

Enfim, as professoras recorrem a diferentes estratégias no trabalho com as sílabas, cuja variação depende do conhecimento e motivação de cada uma.

Um dos depoimentos revela a intenção de evitar a leitura mecânica, introduzindo nas lições pequenos textos para as crianças lerem, ainda que a elaboração desses textos limite-se às sílabas já estudadas. Na descrição dos trabalhos realizados é destacado o estudo das correspondências entre sílabas faladas e seus registros escritos em uma ordem gradativa de complexidade. Além disso, manifesta-se a preocupação com o desenvolvimento da leitura.

É importante observar que o conjunto das lições é organizado seguindo uma ordem previamente escolhida, não necessariamente acompanhando a ordem alfabética.

Atualmente, os textos podem ser recurso ou pretexto para o ensino das famílias silábicas. Textos conhecidos – parlendas, cantigas do folclore etc. – são apresentados para a leitura oral em classes de alfabetização. Este processo envolve a repetição do que o aluno já sabe para facilitar as associações entre sonoridade e grafia. Com frequência, é destacado do texto uma palavra formada por uma ou mais sílabas com as quais se pretende trabalhar.

Sobre este assunto vale lembrar o que assinala Chartier (2011: 62) a propósito das reformas religiosas, do letramento restrito e da alfabetização em massa:

> No século XVI, quando é necessário ensinar a todas as crianças as verdades necessárias para a sua salvação, os clérigos utilizam os processos que eles mesmos utilizam: fazer as crianças lerem as orações que conhecem melhor. Quer estejam em latim, quer estejam na língua das crianças, serão explicadas no catecismo, que também é necessário conhecer de cor. Esse processo tem uma grande vantagem pedagógica: permite aos principiantes se exercitarem sozinhos, já que conhecem o texto oralmente. Saber a sua lição é ser capaz de coordenar, sem erro, nem hesitação, os olhos, o dedo e a voz. Cada recitação consolida a correspondência letra-som, e as crianças podem em seguida transferir esse saber para textos novos (mas do mesmo gênero, por exemplo, os 7 Salmos da Penitência que se cantam nos enterros). Limitados à leitura de livretos impressos, os alunos têm necessidade de uma aprendizagem especial para aprender ler a escrita manuscrita de contas, contratos, títulos de propriedade.

A comparação do que diz Chartier com observações atuais, feitas em sala de aula, sugere, entre outras coisas, que no ensino da leitura no século XVI os textos eram decorados e repetidos nos ofícios religiosos, ou seja, estavam presentes na vida dos aprendizes. Hoje, ao contrário, os textos que compõe nosso folclore nem sempre estão presentes na vida das crianças. Por outro lado, as letras de canções, parlendas etc., muitas vezes ficam à margem do foco das aulas, com o enfoque no estudo das sílabas.

Métodos analíticos ou globais

Os métodos globais, cujo ensino inicia-se com escritos que contêm significados (histórias ou contos, frases e palavras), são defendidos com argumentos que destacam a importância da compreensão desde o início do ensino; as lições são compostas por escritos curtos, mas com significado.

O que diferencia a aplicação de métodos globais da aplicação de métodos sintéticos é a ordem das atividades de análise ou síntese na sequência das lições. Cabe lembrar que no ensino da leitura e da escrita há sempre o duplo processo de compor e de decompor, e o acesso à mobilidade de análise e síntese é essencial para o aprendizado.

MÉTODO DO CONTO, SENTENCIAÇÃO E PALAVRAÇÃO

Os procedimentos de ensino geralmente consistem na escrita e na leitura, feitas pelo professor, de um pequeno texto (método do conto), de uma frase (se a opção for pelo ensino a partir da sentenciação) ou de palavras (se a opção for pelo método da palavração). Os alunos são orientados a focalizar a atenção no material escrito para que destaquem uma sentença ou uma palavra, por exemplo.

A alfabetização já se inicia com o contato do aluno com diferentes letras e as suas várias combinações; ao privilegiar o significado, o estudo não se orienta por uma ordem gradativa de dificuldades das sílabas. As lições, em seu conjunto, abrangem as várias combinações das letras do alfabeto, isto é, as diferentes estruturas silábicas. Na sequência básica de ensino, inicialmente são trabalhadas algumas sentenças, depois as palavras e, finalmente, as sílabas.

O processo de alfabetização inicia-se com muitas atividades com frases; após o domínio da escrita dessas frases pelas crianças, iniciam-se os estudos da divisão das sentenças em palavras com as quais são formadas outras frases. Após a apropriação de um vocabulário básico, têm lugar as atividades de análise das palavras. Uma palavra é destacada e as crianças são solicitadas a dizer outras palavras que terminam ou começam como ela. Depois, essas palavras são divididas em sílabas, e com elas são formadas novas palavras.

Cabe lembrar que o método analítico é indicado para o ensino nas escolas do estado de São Paulo no programa de 1949. Sobre o ensino na primeira série, este programa especifica:

> Sabido como é que as crianças pouco se interessam pelos detalhes e que a leitura é uma apreensão do sentido do que se lê e não apenas uma decifração de sinais, forçoso é que o seu ensino comece por um "todo" que tenha sentido completo (São Paulo, 1949: 22).

Para acentuar a compreensão e evitar a leitura mecânica, orienta-se que o ensino comece com um "todo" (história, relato ou descrição) fornecido pelas crianças. Para que elas comecem a ler suas próprias expressões, a professora não deve forçar a elaboração desse texto. Esta deve indicar palavras para que as crianças mostrem ou contem quantas vezes elas se repetem no texto e apagar ou substituir uma palavra para que indiquem o que mudou. Após o estudo das palavras, mediante jogos, cartas enigmáticas etc., seriam focalizadas as sílabas.

Como podemos notar, as orientações do programa de 1949 em alguns aspectos antecipam ideias atuais, pois revelam a importância da produção de textos pelas crianças e dão ênfase ao significado da leitura para os alunos.

Apesar do programa oficial de 1949 propor a aplicação do método analítico, nesta época, na prática, predominava o ensino pela silabação. No final da década de 1960 existem, por parte dos órgãos oficiais do estado de São Paulo, serviços de orientação pedagógica cujos trabalhos preconizavam a aplicação dos métodos globais. Geralmente, a aplicação desses métodos recorria aos chamados pré-livros, cujas lições giram em torno de temas específicos, por exemplo, o passeio à praia e ao jardim zoológico.

Estes métodos também acentuam a memorização, mediante repetições feitas na leitura de escritos, em que partes de expressões com sentido ou palavras são apresentadas em sentenças diferentes.

Nas lições iniciais há muita repetição de expressões e de palavras que também se encontram nos escritos propostos em atividades de leitura suplementar. Por exemplo: “Esta é mamãe”, “Este é papai”, “Este é Pepito”, “Este é Dudu”.

As orientações para as aulas são descritas detalhadamente no livro do professor. O ensino de cada lição compõe-se de uma sequência de atividades: criação de condições favoráveis à leitura; apresentação das palavras novas; leitura dirigida com fins específicos – leitura silenciosa e leitura oral; atividades relacionadas – leitura suplementar para a fixação do vocabulário e desenvolvimento de compreensão; atividades de enriquecimento de experiências (Rocha, 1968).

No trabalho com atividades relacionadas destacam-se os exercícios de discriminação visual de palavras e os exercícios para o desenvolvimento da compreensão, tais como:

- ligar o início de uma sentença com o seu final, entre várias opções;
- completar oralmente partes de sentenças escritas no quadro negro;
- unir gravuras a sentenças;
- enumerar respostas de acordo com as perguntas;
- escolher entre várias fichas a que expressa o assunto apresentado na ilustração ou a que contém a mesma frase escrita no quadro negro;
- organizar sentenças sobre um assunto de acordo com a sequência.

Além disso, pequenas composições, inicialmente orais e depois escritas, são feitas pelas crianças com orientação do professor.

Esta proposta de trabalho difere da aplicação dos métodos silábicos pela ênfase dada aos aspectos semânticos da língua no ensino.

Os métodos analíticos ou globais acentuam o sentido da leitura e da escrita desde o início do ensino. Como visam o estabelecimento das correspondências entre as grafias e os sons, as atividades não são feitas com textos presentes no cotidiano da vida das crianças. Os textos trabalhados são os do "pré-livro"; são estruturados com repetições para que o aprendiz estabeleça as associações dos elementos da escrita com os da língua oral. E, excepcionalmente, não é solicitada a decifração oral; esta é vista como pré-requisito da compreensão. Esta é mais trabalhada pelo estabelecimento de relação do escrito com os significados representados em desenhos.

Métodos mistos

Os métodos mistos caracterizam-se pela realização das atividades de análise (separar, decompor) e de síntese (juntar, reunir) no âmbito de uma mesma lição. Segundo Gray (1961) o método analítico-sintético consiste na seleção de palavras com dificuldades gradativas e de sentenças que a criança analisa, compara e sintetiza mais ou menos simultaneamente desde o início da aprendizagem. Deste modo, durante a aprendizagem de leitura mecânica, o aluno entra em contato com os elementos da linguagem em uma determinada ordem, vista como a mais adequada para a aquisição da escrita. Porém, em uma mesma lição, existe o trabalho relativo ao significado e à decifração.

O método analítico-sintético, ao utilizar, por exemplo, uma sentença para iniciar a lição, pode recorrer a um escrito vinculado à experiência de vida dos aprendizes, sem sofrer as mesmas limitações dos métodos sintéticos. Por outro lado, ao trabalhar com as várias famílias silábicas, decorrentes da decomposição dessa sentença, coloca à disposição do trabalho pedagógico maior número de sílabas para a formação de novas palavras ou sentenças.

A aplicação dos métodos mistos inicia-se com algumas frases ou com palavras, ou com um texto muito simples, onde encontram-se as diferentes combinações das letras de modo a viabilizar a aquisição dos procedimentos de leitura oral.

Gray (1961) descreve uma lição utilizada aqui no Brasil para exemplificar este método; a lição inicia-se com a apresentação da palavra "bola" e do desenho correspondente. A palavra é pronunciada lentamente e analisada (decomposta em sílabas). Em seguida, são ensinadas as combinações da consoante "b" com as vogais. Mediante análise orientada, o aluno isola a consoante "b" da sílaba inicial que é sintetizada em combinação com as outras vogais. O mesmo procedimento é feito com a sílaba "la" e a consoante "l". Novas palavras são lidas e formadas com as sílabas resultantes das combinações das consoantes "b" e "l" com as vogais ("ba, be, bi, bo, bu" e "la, le, li, lo, lu"), por exemplo, "bolo", "bule", "lobo", "belo", "bala" etc. Assim, na mesma lição, há atividades de análise e de síntese. Sobre o assunto veja Micotti (1970: 62-4).

A ALFABETIZAÇÃO DE ADULTOS PROPOSTA POR PAULO FREIRE NA DÉCADA DE 1960

Uma versão do método misto que merece destaque é a apresentada por Paulo Freire para a alfabetização de adultos. Freire (1967: 104), procurando conjugar o acesso ao código com o significado e o desenvolvimento do pensamento crítico, assinala:

> [...] desde logo afastávamos qualquer hipótese de uma alfabetização puramente mecânica. Desde logo pensávamos a alfabetização do homem brasileiro em posição de tomada de consciência na imersão que fizera no processo de nossa realidade. Num trabalho que pensássemos a promoção da ingenuidade em criticidade.

Freire, por rejeitar as cartilhas, prescreve a utilização de determinado número de palavras – "palavras geradoras" –, extraídas de um levantamento do vocabulário que antecede ao ensino dos futuros alunos. O ensino compreende uma sequência de atividades.

A primeira fase do trabalho consiste na realização do levantamento (feito em encontros informais) das palavras "mais carregadas de sentido existencial", bem como, os "falares típicos" do povo. A seguir, são selecionadas as palavras geradoras, considerando-se a riqueza fonêmica e as dificuldades, uma vez que as palavras geradoras "devem corresponder às dificuldades fonéticas da língua, em sequência gradativa de dificuldades" (Freire, 1967: 105). A terceira fase é constituída pela criação de situações-problemas, que contêm as palavras geradoras em ordem gradativa de dificuldades fonéticas. Uma palavra geradora tanto pode englobar a situação toda quanto pode referir-se a um dos elementos de uma situação.

A quarta fase é a de elaboração de fichas-roteiro que constituem recursos para serem utilizados pelos coordenadores de debate de cada grupo de alunos.

A quinta fase consiste na elaboração de fichas com a composição das famílias fonêmicas referentes às palavras geradoras.

No ensino, uma situação que contém a primeira palavra geradora, "representação gráfica de expressão oral da percepção do objeto", é apresentada aos alunos com auxílio de recursos audiovisuais; iniciam-se então os debates referentes a essa situação e às suas implicações sociais. A análise da situação pelo grupo culmina com a visualização da palavra que representa o objeto incluído na situação sobre a qual desenvolveram-se as reflexões com a participação dos alunos; a seguir esta palavra é apresentada sem o objeto a que se refere e depois essa mesma palavra é separada em sílabas. Com o reconhecimento das sílabas são focalizadas as famílias fonêmicas que incluem essas sílabas.

Cada família fonêmica é estudada isoladamente antes do estudo do conjunto das famílias, o que, em última análise, diz Freire (1967: 116), "leva ao reconhecimento das vogais". Com a "ficha da descoberta", onde está escrito o conjunto das famílias silábicas, inicia-se a formação de novas palavras através da combinação das sílabas.

Os métodos: semelhanças e diferenças

A comparação entre as abordagens metodológicas revela semelhanças quanto o encaminhamento proposto ao ensino e, também, algumas diferenças.

No processo de ensino e aprendizado, essas abordagens visam o domínio da decodificação (oralização) para a qual é decisiva a atenção do aprendiz em relação às diferenças entre as letras e à ordem em que elas aparecem no escrito. Esses métodos têm em comum o trabalho com o traçado das letras e a discriminação de suas formas mediante exercícios feitos no decorrer de um período que antecede o início do ensino da leitura. Em passado recente, este período era chamado de período preparatório e, geralmente, compunha-se de atividades isoladas de discriminação visual e de coordenação motora fina.

Tanto nos métodos sintéticos como nos analíticos e mistos, o ensino ocorre mediante um recorte da escrita que visa o controle dos encontros dos aprendizes com esse objeto de estudo. Os materiais escritos, preparados para serem utilizados nas aulas, como apoio ao trabalho de alunos e de professores, geralmente, são selecionados de modo a representar as diferentes estruturas silábicas e as suas sonorizações, ou as variações de pronúncia correspondentes a determinadas letras, ou variações da representação gráfica de determinados sons.

Em se tratando de métodos sintéticos, o recorte é feito de modo a preservar uma sequência gradativa de dificuldades, indo "do simples ao complexo" – das sílabas simples para as complexas, as denominadas pelos professores como "dificuldades". Por isso, as lições são ordenadas segundo o grau de complexidade das associações entre grafias e sons.

Nos métodos analíticos e mistos os escritos que compõem as lições também são escolhidos de modo a assegurar a representação das diferentes modalidades de composição fônica ou das diferentes estruturas silábicas.

O pressuposto dos métodos analíticos ou globais e dos sintéticos é que a alfabetização ocorra mediante a transmissão de informações feita pelo professor. Estes métodos compõem-se de procedimentos didáticos em que o aprendizado é visto como resultante da soma de conhecimentos sucessivos sobre a escrita. A leitura é focalizada como tradução da escrita para a língua oral, embora o acesso a ela possa ocorrer por caminhos diferentes, e a escrita é vista como junção de sílabas. Na prática, via de regra, a produção textual raramente é trabalhada.

Na aplicação dos métodos sintéticos a ordem de apresentação das combinações das letras é mais visível. Em sua aplicação, o professor sistematiza, apoiando-se na cartilha ou em uma sequência pré-determinada, a ordem dos exercícios relativos às correspondências entre sons e grafias, que são, muitas vezes, repetidos mecanicamente, para que os alunos consigam adquirir as técnicas de leitura. Essa aquisição é vista como pré-requisito para a compreensão. Isto fica claro na fala anteriormente reproduzida de uma das professoras. "Então, quando percebia que eles já tinham umas cinco famílias conhecidas, aí eu já elaborava textos pra eles. Vinha então a interpretação de textos."

Os métodos globais, em relação aos métodos sintéticos, destacam-se pela importância atribuída à compreensão que conduz à utilização de escritos com sentido, desde o início do ensino da leitura. Mas as lições apresentam textos curtos com repetições de palavras e expressões. Apesar de sua aplicação não se iniciar com escritos utilizados socialmente, mas com pequenos textos, o sentido material proposto para a leitura é mais preservado. Como o ensino não se prende à silabação, há mais liberdade para compor as lições. Assim estes escritos referem-se a assuntos diversos, ampliando as possibilidades de realização de leitura com sentido.

As possibilidades de utilização do raciocínio no processo de aquisição da escrita são maiores nos métodos globais. O aluno pode recorrer ao que conseguiu decifrar para descobrir o que ainda não conseguiu decodificar, decidindo entre várias possibilidades a que é mais adequada para completar o sentido do que está lendo.

Quanto à proposta de Paulo Freire, a ênfase dada à compreensão, ao diálogo e à relação do escrito coma as experiências de vida dos estudantes faz com que ela se destaque entre os diversos métodos de ensino até então praticados. A decisão de tomar como ponto de partida palavras escolhidas no vocabulário dos aprendizes é um tributo ao ensino com sentido, invertendo a ordem das atividades de decodificar para compreender para a codificação do compreendido, embora nessa escolha interfira também a "riqueza fonêmica" das palavras. Por outro lado, a inserção de cada palavra-chave em situações problema, vinculadas às vivências dos participantes, contextualiza a escrita e mais uma vez o compreendido é representado, facilitando o enfoque da escrita como expressão de significados.

Assim, a contribuição de Paulo Freire à alfabetização antecipa novas tendências do ensino. Aliás, o próprio autor retorna ao assunto anos mais tarde, ampliando os conceitos de alfabetização e de leitura.

O construtivismo

Nas últimas décadas ocorreram mudanças no modo de entender a leitura e a alfabetização. A leitura, antes considerada sobretudo como decifração, passa a ser focalizada como processo inteligente de busca do significado do texto no qual intervêm outros fatores, por exemplo, a intenção do leitor. O acesso à escrita é visto como processo de construção de conhecimentos iniciado espontaneamente pelas crianças em suas interações com os ambientes físico e social, como revelam as pesquisas de Ferreiro (2001).

Resultados de muitos estudos indicam novos encaminhamentos para a prática pedagógica. A exploração de textos desde o início da alfabetização é valorizada, substituindo a ênfase na memorização das correspondências entre sons e grafias, tradicionalmente vista como condição indispensável para a decifração. Dá-se destaque à busca de sentido na leitura. As novas ideias se chocam com as práticas correspondentes aos métodos silábicos e analíticos. Aliás, essas práticas interferem nas interpretações e nas tentativas de aplicação das novas propostas pedagógicas que com frequência, de fato, não chegam à sala de aula.

As controvérsias relativas aos métodos de alfabetização

No século passado os métodos de alfabetização foram objeto de controvérsias que envolveram as teorias e as práticas pedagógicas. Muitos debates focavam os efeitos dos métodos de alfabetização sintéticos e analíticos na alfabetização das crianças. Pesquisas foram desenvolvidas comparando os resultados de diferentes métodos.

Os resultados dessas pesquisas de modo geral acentuavam os efeitos positivos da decifração, mais desenvolvida com os métodos sintéticos, e a compreensão, mais desenvolvida com a aplicação dos métodos analíticos. Sobre esses assuntos veja Micotti (1970).

Sobre o que denomina "o grande debate", Morais (1996: 261) assinala:

> O debate dos métodos gira há mais de um século em torno de uma oposição entre duas concepções: de um lado, insiste-se na aprendizagem do código (*code emphasis*) e, de outro, na linguagem global (*whole language*). O primeiro é o método fônico, e o segundo o método global.

Estas afirmações destacam a importância da instrução direta e explícita do código alfabético, desde o início da alfabetização, que constitui um dos referenciais utilizados em defesa dos métodos sintéticos. Essa instrução e a consciência da segmentação de palavras são fundamentais nos argumentos a favor do método fônico nas discussões atuais sobre as abordagens da leitura.

A importância da compreensão do significado do texto, a solicitação de atividades intelectuais ao leitor, mesmo ao iniciante, constituem argumentos utilizados em defesa do método global e, atualmente, da aplicação da proposta construtivista.

Como vemos, ainda não é possível prever o final das controvérsias referentes ao trabalho pedagógico no processo de alfabetização.

Referências

CAPOVILLA, A.G. S.; CAPOVILLA, F. C. et al. *Alfabetização*: método fônico. São Paulo: Memnon, 2004.

CHARLOT, B. *Relação com o saber, formação dos professores e globalização*: questões para a educação hoje. Porto Alegre: Artmed, 2005.

CHARTIER, Anne-Marie. 1980-2010: trinta anos de pesquisas sobre a história do ensino da leitura. Que balanço? In: *Uma história de sua história.* Marília: Cultura Acadêmica Universitária, 2011, pp. 49-67.

FERREIRO, E. *Reflexões sobre a alfabetização.* Trad. Horácio Gonzales. São Paulo: Cortez, 1986.

_______. *Alfabetização em processo.* São Paulo: Cortez, 2001.

_______. Escrita e oralidade: unidades, níveis de análise e consciência metalinguística. In: FERREIRO. E. et al. *Relações de (in)dependência entre oralidade e escrita.* Trad. Ernani Rosa. Porto Alegre: Artmed, 2003.

FREIRE, P. *A educação como prática da liberdade.* Rio de Janeiro: Paz e Terra, 1967.

GALIFRET-GRANJON, N. Principes psychologiques sous-jacents a quelques methodes d'apprentissage de la lecture. *La Psychiatrie de L'Enfant.* Paris: PUF, v. I, fasc. 2, 1958, pp. 379-436.

GRAY. W. *The Teaching of Reading and Writing:* An International Survey. Unesco, 1961.

LANZONI, S. L. Alfabetização bem-sucedida: depoimento de professoras. In: MICOTTI, M. C. de O. *Alfabetização*: o trabalho em sala de aula. Rio Claro: Instituto de Biociências – Unesp, 2000, pp.11-35.

MARROU, H. I. *História da educação na antiguidade.* Trad. Mário Leonidas Casanova. São Paulo: Herder/ USP, 1966.

MIALARET, G. *L'Apprentissage de la lecture.* Paris: PUF,1966.

MICOTTI, M. C. de O. Métodos de alfabetização e o processo de compreensão. *Arquivos Rioclarenses de Educação.* Rio Claro: Faculdade de Filosofia Ciências e Letras de Rio Claro, n. 1, 1970.

_______. Alfabetização: o ensinar e o aprender. In: *Alfabetização*: entre o dizer e o fazer. Rio Claro: Instituto de Biociências – Unesp, 2001.

_______. Alfabetização: o que dizem as pesquisas? In: *Alfabetização*: a produção de saberes. Rio Claro: Instituto de Biociências – Unesp, 2003.

MORAIS, J. *A arte de ler.* Trad. Lorencini. São Paulo: Ed. Unesp, 1996.

NETCHINE, S. Instrumentation sensori – motrice et acquisitions de connaissances chez l'enfant: l'exemple de l'aquisition de la lectura. In: NETCHINE-GRYNBERG, G. *Dévelopment et fonctionnement cognitifs chez l'enfant*: vers une integration. Paris: PUF, 1990.

ROCHA, T. *Quem sou eu?* Guia do professor. São Paulo: Ed. Brasil, 1968.

SÃO PAULO (Estado). Secretaria da Educação. Ato nº 1723, fev.1949. Aprova o programa para o ensino primário fundamental. 1º ano. São Paulo: Livraria Francisco Alves, 1949, pp.7-58.

A educação infantil e o processo de alfabetização

Ao longo do tempo e até hoje, funções sociais diversas são atribuídas à educação infantil: proporcionar segurança e sobrevivência aos pequenos; proporcionar recreação e cuidados de higiene e saúde nos primeiros anos de vida; preparar para o ensino formal ou realizar finalidades educacionais, voltadas para o desenvolvimento das crianças. Mas, no enfoque das funções que essa educação tem desempenhado em nossa sociedade, cabe distinguir, no período anterior à Lei n. 11.114 (Brasil, 2005), o trabalho que era aos seis anos de idade, no segmento denominado pré III, daquele realizado em outros segmentos, mais voltados para o cumprimento das outras funções.

As tentativas de aproximar as crianças da leitura e da escrita permeavam as atividades da educação infantil, intensificando-se no pré III com iniciativas relativamente comuns de práticas de cópias e estudo de sílabas simples, por exemplo.

Os questionamentos sobre a extensão do ensino da leitura e da escrita nos vários segmentos da educação infantil não são recentes. Porém, até pouco tempo atrás, o assunto, a rigor, permaneceu mais na esfera das indagações e das intenções do que na da ação sistematizada propriamente dita. Vários fatores contribuíram para isso. Dentre eles destacamos:

- a própria complexidade desta tarefa diante da especificidade cognitiva das crianças nessa faixa etária;
- as indecisões quanto ao encaminhamento a ser adotado para orientar o ensino de modo compatível com o desenvolvimento cognitivo das crianças e com a dinâmica da vida atual;
- a pouca ênfase dada ao trabalho docente referente à alfabetização nos cursos de formação de professores.

Com a divulgação de resultados de pesquisas sobre a psicogênese da escrita e a introdução de ideias construtivistas nos meios escolares, o interesse e as expectativas referentes à alfabetização nas escolas infantis fortaleceram-se.

As preocupações com o assunto intensificaram-se com a antecipação da matrícula obrigatória no ensino fundamental aos seis anos de idade e a incorporação dessa faixa etária, antes vinculada à educação infantil, neste ensino, de acordo com a Lei n. 11.114 (Brasil, 2005).

A propósito da nova identidade da educação infantil, Avellar Hingel (2009: 57-64), ao tratar das perspectivas do ensino fundamental de 9 anos e da matrícula aos 6 anos de idade, assinala a importância de se considerar a questão do encurtamento do tempo dedicado à educação infantil. Aponta a importância do atendimento na educação infantil até os 6 anos de idade, oferecendo a oportunidade para a criança ser criança, evitando assim a perda das vivências próprias desse período de vida. Sobre a inclusão da educação infantil na educação básica, assinala a importância da passagem da creche do âmbito da assistência social para o âmbito da educação em que o trabalho é desenvolvido por pessoal qualificado.

Hoje a pergunta que se coloca é sobre como será desenvolvido o trabalho pedagógico na educação infantil e no início do ensino fundamental. Em resumo, como trabalhar as relações das crianças com a leitura e a escrita no processo de alfabetização? Há vários anos este assunto preocupa os professores de educação infantil. Em reuniões, palestras, seminários etc. eles indagavam:

- As escolas de educação infantil devem alfabetizar?
- Em caso de resposta afirmativa, que método seria o mais adequado para trabalhar com as crianças?

Estas questões sugerem a percepção de que a alfabetização na educação infantil exigiria um encaminhamento didático diverso do habitualmente realizado no ensino fundamental. A indagação referente ao método, a rigor, contém outras perguntas, tais como:

- O trabalho pedagógico a ser feito assumiria, nas escolas infantis, as mesmas características daquele realizado pelas escolas de ensino fundamental? Isto é, as tarefas dessas escolas seriam transferidas ou antecipadas para idades mais precoces?
- Caberia à educação infantil realizar atendimento pedagógico diferenciado, compatível com as necessidades de desenvolvimento próprias do período de vida em que se encontram seus alunos?

A pergunta sobre o método de ensino sugere a ocorrência de dúvidas quanto à validade de antecipar as habituais práticas pedagógicas, aplicadas nas escolas fundamentais para idades mais precoces. Elas colocam em pauta a questão da adequação dessas práticas para o aprendizado por parte das crianças mais novas, o que é justificável, considerando as peculiaridades cognitivas infantis.

As perguntas focalizam assuntos bastante complexos e podem ser respondidas de modo diverso, dependendo das concepções teóricas tomadas como referência. Portanto, as respostas requerem reflexões sobre as várias práticas da alfabetização e do ensino.

Na realidade, as respostas solicitadas pelas questões anteriormente apresentadas variam com as diversas finalidades atribuídas à educação, e em particular à educação infantil.

Enfim, os questionamentos feitos pelas professoras resumem-se em pensar se caberia ou não transpor para a educação infantil o processo de alfabetização que privilegia a aquisição do código alfabético, trabalhado em situações descontextualizadas, ou se outro encaminhamento deveria ser dado a este processo. Isto coloca em destaque o trabalho a ser feito com as crianças aos 6 anos de idade ou menos no ensino fundamental com nove anos de duração.

O assunto requer algumas considerações.

A linguagem oral e escrita

O ser humano, ao nascer, inicia o seu contato com o mundo, repleto de estímulos sensoriais desconhecidos que fazem parte do ambiente onde vive. Os estímulos presentes no meio ambiente – visuais, auditivos, tácteis, gustativos – afetam os órgãos dos sentidos e dão lugar às percepções. Mas pelos órgãos dos sentidos a criança também entra em contato com estímulos criados pelos seres humanos para poderem se comunicar – as linguagens.

Os estímulos podem decorrer de coisas que se encontram presentes na experiência do indivíduo ou de coisas que não se encontram presentes, mas são representadas. Há estímulos que, ao serem percebidos, podem ser diretamente identificados e outros que exigem processos de interação mais elaborados para a atribuição de sentido. Estímulos como partes ou aspectos dos seres e das coisas – cor, forma, tamanho, manifestações de animais, como os latidos de um cão, por exemplo, são identificados com mais facilidade, considerando as suas características próprias e os seus significados na experiência prática do indivíduo.

Há estímulos cuja compreensão depende de tratamentos que requerem instrumentos construídos, como acontece na comunicação falada e escrita. A comunicação oral entre duas ou mais pessoas ocorre por intermédio da língua falada que funciona como instrumento de interação, de troca de informações e de ideias. Para conversar, as pessoas recorrem a seus conhecimentos sobre a língua utilizada. Não basta ouvir uma mensagem para compreendê-la: para entender é preciso conhecer a língua utilizada nesta mensagem, ter noção do assunto tratado. No processo de comunicação, os seres humanos utilizam diversas convenções. As pessoas enviam mensagens codificadas. Um código é um sistema de sinais – de símbolos ou signos – utilizado como instrumento para representar e veicular informações. O recém-nascido desconhece a língua falada em seu ambiente. Aos poucos, ouvindo e tentando se comunicar, aprende a utilizar essa língua para se manifestar e compreender o que ouve.

A comunicação oral é complexa e exige abstração; nesta comunicação, o real é representado por sinais sonoros que podem ser acompanhados por sinais visuais. A fala é acompanhada por expressões faciais (olhares) e corporais (movimentos das mãos, postura). Os gestos também transmitem significados, são índices de estados emocionais: carinho, agressividade, e assim por diante. Eles facilitam a comunicação, mas, para entendê-los, também é preciso conhecer o sistema de utilização cultural desses sinais.

As palavras da língua oral, ao contrário dos desenhos, não retratam as características ou propriedades de seus significados. A palavra (em si mesma) que utilizamos para designar um objeto nada contém que lembre esse objeto; ela o representa. Recorremos a determinadas palavras para expressar certos significados porque aprendemos a fazer assim. A ligação entre a palavra e seu significado é socialmente construída e aprendida.

O ser humano organiza a sua experiência e a sua percepção em grandes categorias e recorre a maneiras sistematizadas de expressá-las. Estas categorias são representadas na língua em formas como: masculino e feminino; um ou muitos; presente, passado e futuro. A escrita de uma palavra é muito mais abstrata que o desenho, não exibe as características de seu significado, nem dos sons falados A língua oral e a escrita fundamentam-se em convenções sociais. A sua utilização e o estabelecimento de relações entre elas dependem de aprendizagem. É o aprendizado que permite o acesso à fala e à escrita em uma língua. Diante de tal complexidade, com o intuito de facilitar a aprendizagem da escrita, foram criados os métodos tradicionais sintéticos (alfabético, fônico, silábico) e analíticos (palavração, sentenciação, método do conto ou da historieta). Porém o critério de simplificação baseia-se na lógica do pensamento adulto, não na do pensamento infantil. E isto tem implicações pedagógicas.

Como é possível notar, o aprendizado da escrita é muito complexo, exigindo alto grau de abstração por parte dos aprendizes.

O processo pedagógico

A alfabetização no ensino fundamental, geralmente, é vinculada à aplicação do método silábico e as aulas baseiam-se em cartilhas. Esta é a imagem de alfabetização mais comum entre nós. Em decorrência disso, o ensino é realizado sem maiores indagações sobre os seus efeitos para o aprendizado, sobre a sua adequação às características cognitivas dos aprendizes. Aliás, a aplicação desses procedimentos tem um cunho de imitação – muito acentuada na escola tradicional. Pensamos a alfabetização reproduzindo os procedimentos pelos quais fomos ensinados, ou pelo menos os procedimentos mais comuns, sem questionar os seus fundamentos e as suas consequências. Isto acontece devido ao hábito de considerar o ensino de modo incompleto, restrito às aparências observáveis – as explicações feitas pelo professor, os materiais, os exercícios, as lições.

O que acontece nas aulas, as lições e os recursos utilizados compõem a parte visível do ensino, mas há um outro lado que o observador desprevenido ou pouco atento, geralmente, desconsidera. Neste lado oculto encontram-se os fundamentos que orientam o trabalho aparente. As opções subjacentes ao trabalho pedagógico modelam o ensino, afetando:

- as atividades de alunos e de professores;
- as interações sociais durante as aulas;
- a utilização de recursos didáticos;
- a atenção e a ênfase dadas a diferentes aspectos do trabalho pedagógico;
- os processos intelectuais que são mais ou menos acentuados (memorização ou raciocínio, por exemplo);
- o papel atribuído à avaliação etc.

O processo pedagógico muda de acordo com as finalidades atribuídas à educação. No entanto, os professores, em geral, pensam principalmente nos conteúdos, no que ensinar, sem maiores preocupações com as decisões relativas ao *para que* e ao *como* ensinar. Porém, essas decisões afetam muito o ensino e a aprendizagem.

Os enfoques dados à alfabetização

As questões expostas no item anterior são muito complexas e determinam variações nas aulas e nos recursos utilizados; não há uma única resposta para cada uma delas. O educador, de acordo com a filosofia da educação que adota, seleciona suas respostas, que funcionam como diretrizes de sua atuação. Mas nem sempre o professor tem clareza quanto às respostas que configuram as suas práticas.

Chartier (2011: 49-67), ao tratar – de acordo com uma perspectiva histórica – as pesquisas sobre o ensino da leitura, assinala o papel que as modalidades de práticas sociais de leitura desempenham ao longo da história das culturas ocidentais. Sobre a produção feita na década de 1980, destaca a introdução do termo "letramento", feita por Walter Ong em 1982. Observa (2011: 56) que

> o termo letramento [*literacy*] designa atividades humanas que implicam o uso da escrita, assim como a oralidade designa o conjunto de atividades humanas que implicam o uso da palavra viva.

Além disso, apresenta a distinção entre letramento generalizado e letramento restrito feita por Goody para designar usos graduados da escrita. O primeiro ocorre nas sociedades contemporâneas em que a oralidade é por vezes permeada pela escrita, e o segundo ocorre quando a escrita coexiste com as culturas orais, sem nelas adentrar de fato. Ou seja, no letramento restrito a escrita é utilizada em situações limitadas a determinadas setores da vida social, por exemplo em atividades religiosas.

Assim, propõe o enfoque dos antigos métodos de ensino da leitura, considerando as diferenças entre letramento restrito e letramento generalizado nas práticas sociais de leitura vigentes, para estudar a formação do leitor.

No passado, a alfabetização era trabalhada pelos métodos sintéticos, sobretudo pelo silábico e pelo alfabético. Neste cenário, competia ao ensino nas classes de pré III (compostas por crianças de 6 anos de idade) preparar as crianças para as aulas de alfabetização e, dependendo do professor, iniciar este processo. Hoje, por vezes, o trabalho com as sílabas simples é antecipado para as classes de educação infantil, iniciando o ensino das sílabas simples em classes compostas por crianças com 5 anos e idade. Esses procedimentos indicam a opção pelo método silábico.

A opção do ensino pela função propedêutica da educação infantil vincula-se à realização do período preparatório em classes de pré III. Este período, composto de exercícios de coordenação motora, discriminação visual e auditiva, é justificado pela importância que essas habilidades têm na aplicação dos métodos tradicionais.

No método silábico, por exemplo, como as sílabas estudadas são desprovidas de sentido (com exceção das palavras monossilábicas), o ensino conta muito com a identificação de detalhes da grafia das letras por parte das crianças. A associação das grafias com as pronúncias correspondentes requer bastante discriminação visual e auditiva para identificar os elementos sonoros da língua oral, além da coordenação motora, necessária para escrever.

No método silábico, como na sentenciação, são feitos recortes da escrita como manifestação do código alfabético. Elementos escritos – sílabas ou uma sentença – são destacados, pinçados e associados com os seus correspondentes na língua oral. A aplicação de métodos tradicionais acentua na leitura os mecanismos de decifrar, pressupondo que a criança, por si só, generalize, isto é, utilize os mecanismos de formar palavras para redigir textos.

Uma ideia subjacente à aplicação dos métodos tradicionais, dentre outras que raramente são examinadas, é a de que a apropriação desses mecanismos asseguraria a capacidade da criança em aplicá-los em diferentes situações de comunicação. A aplicação destes métodos considera, implicitamente, que "virão por acréscimo" a compreensão e a aprendizagem dos diversos aspectos da comunicação. Incluem-se, neste caso, o conhecimento das várias funções sociais da escrita e as competências para praticá-las – por exemplo, para produzir diversos gêneros textuais, adequar a escrita das mensagens às suas finalidades sociais e ao interlocutor ou aos interlocutores.

Na prática, dificilmente realizam-se as aquisições, que são vistas apenas como consequências ou subprodutos das memorizações de sílabas ou mesmo de sentenças. Disto decorre o letramento generalizado para as crianças cujas origens sociais situam-se nas classes mais privilegiadas, e cujas famílias apoiam e praticam o letramento. Se essas crianças, apesar disso, fracassarem no aprendizado, recebem a ajuda dos próprios familiares ou de professores particulares, psicopedagogos ou outros profissionais. Já as crianças das classes populares, quando encontram algum sentido no trabalho escolar e conseguem ser bem-sucedidas, segundo os parâmetros do sistema de ensino, ficam nos limites do letramento restrito à leitura e à escrita escolares.

Hoje os procedimentos de ensino tradicionais são considerados artificiais. Com as pesquisas sobre a psicogênese da escrita, compreendeu-se que as crianças começam a elaborar seus conhecimentos antes do ensino formal. Portanto, não se justifica que as escolas de educação infantil ignorem as interações que seus alunos, espontaneamente, estabelecem com a escrita.

Como as crianças utilizam o que sabem para atribuir sentido a tudo que veem, ouvem e observam e seus conhecimentos são elaborados de modo espontâneo, no âmbito de suas experiências culturais no ambiente em que vivem, o mesmo pode ocorrer com a apropriação da escrita. Esta é focalizada como parte de um processo mais amplo. Segundo Charlot (1997: 60):

> Nascer é entrar na condição humana. Entrar em um conjunto de relações e inter-relações com outros homens. Entrar num mundo onde se ocupa um lugar (que também é social), onde é preciso ter uma atividade. Por isso mesmo, nascer é ser submetido à obrigação de aprender. Aprender para se construir, em um tríplice

> processo de humanização (tornar-se homem), de singularização (tornar-se exemplar único de homem), de socialização (tornar-se membro de uma comunidade, da qual compartilha todos os valores e onde ocupa um lugar). Aprender para viver com outros seres humanos com quem se partilha o mundo. Aprender é se apropriar do mundo, de uma parte desse mundo, para partilhar da construção de mundo que começou antes. Aprender em uma história que, ao mesmo tempo, é profundamente minha, naquilo em que ela é única, mas que me escapa. Nascer, aprender é entrar em um conjunto de relações e de processos que constitui o sistema de sentido, que diz o que sou, o que é o mundo, o que são os outros. Este sistema elabora-se em um movimento pelo qual o eu se constrói e é construído pelos outros – *este movimento longo, complexo, nunca completamente terminado, chama-se educação.* A educação é uma produção de si para si, mas esta autoprodução só é possível com a mediação do outro e com sua assistência. A educação é a produção de si para si: ela é o processo pelo qual a criança nascida inacabada se constrói como ser humano social e singular.

Este enfoque do processo educacional abre novas perspectivas para a educação escolar. A construção do sistema de sentido pelo ser humano, num processo de autoconstrução e interação com outros da mesma espécie, proporciona novo enfoque da educação infantil, redefinindo suas funções. As escolas de educação infantil podem desempenhar outras funções sociais, deixando de ser apenas escolinhas de passatempo ou lugar de brincadeiras, sem compromisso, porque supõem que seus alunos teriam poucas condições de entender explicações ou de fazer o trabalho escolar, segundo os moldes da didática tradicional. Deixam, também, de ser vistas como escolas preparatórias, em que as coisas não são feitas para valer, sequer para aprender, mas, apenas, para aprender depois.

Já que ao nascer o ser humano desconhece os atributos e possibilidades de ação dele mesmo, das coisas e dos seres vivos, e de seus possíveis efeitos, cabe à educação infantil mediar a construção do sistema de sentidos para a criança apropriar-se do mundo. Isto envolve promover o desenvolvimento dos conceitos, do esquema corporal – necessário para a estruturação espacial –, dos instrumentos sociais que a criança necessita para viver e para conviver. Envolve também proporcionar maneiras para ela interagir com as pessoas, se comunicar utilizando várias linguagens, aprender a falar, a utilizar gestos e expressões faciais para manifestar suas ideias e procurar entender a escrita etc. As crianças, ao mesmo tempo em que desenvolvem esses conhecimentos, com a prática vão desenvolvendo e aperfeiçoando os instrumentos cognitivos utilizados nesse processo, por exemplo a classificação, a seriação, o número, as noções espaçotemporais e a linguagem.

Como os seres humanos, no decorrer da própria vida e em diferentes momentos da história da humanidade, fazem como podem o que desejam realizar, é reconhecido o direito da criança de fazer e de refazer as suas atividades, até conseguir realizá-las melhor. Cabe à educação apoiá-la nesse processo. Enfim, a educação infantil ocorre num período da vida do ser humano em que o desenvolvimento de conhecimentos e de muitos instrumentos cognitivos é fundamental. Não tem sentido desperdiçar o tempo, nessa etapa da vida, com lições repetitivas para decorar a ligação entre sons e grafias.

O ensino e a proposta socioconstrutivista

Uma das ideias básicas dessa proposta é a de que o ensino consiste em organizar situações propiciadoras de aprendizagem, sem preocupar-se com a obtenção resultados imediatos e uniformes. O grande compromisso dos professores deve ser o de providenciar a ocorrência de práticas culturais, de atividades autênticas na escola e em sala de aula. Compete à escola, como mediadora do acesso ao conhecimento, organizar situações favoráveis às manifestações das crianças sobre o objeto de estudo, sem contar com resultados previamente definidos.

A proposta socioconstrutivista reconhece o sentido de pesquisa inteligente contido nas ações infantis e valoriza a função que essas ações despenham no desenvolvimento cognitivo. Cabe à escola incorporar essas ações nas aulas e acolher as produções infantis, ainda que imperfeitas, como transitórias e como base para novos progressos. A criança, ao mesmo tempo em que elabora suas ideias e seus modos de agir, aperfeiçoa o seu raciocínio e os seus instrumentos cognitivos, que possibilitarão o acesso a saberes cada vez mais complexos.

Aplicar a proposta construtivista significa fazer uma reviravolta no ensino como um todo, não realizar mudanças parciais ou começar mais cedo a aplicação de métodos tradicionais. A convivência escolar se modifica e, com ela, as mudanças de procedimentos adotados em aulas são profundas. Além de respeitarem a maneira particular de cada criança "ver as coisas", acentuam os aprendizados sociais, abordam a escrita de modo mais abrangente, acentuando o papel social da comunicação e a utilidade dos atos de ler e escrever. Ao invés da aquisição de técnicas e do domínio de mecanismos de decifração, o trabalho com as crianças incorpora nas aulas as atividades exploratórias que elas realizam de modo espontâneo. A alfabetização insere-se no conjunto das vivências escolares; a escrita é vista como instrumento útil para viver e conviver. Por isso as crianças interagem com os escritos em toda a sua complexidade, em situações reais de comunicação, e não com elementos isolados, desprovidos de sentido.

O processo de comunicação

Nas escolas de educação infantil, as crianças começam a exercitar a comunicação com pessoas fora do círculo familiar e procuram espontaneamente comunicar-se com outras crianças.

A leitura e a escrita compreendem muitos processos cognitivos. A construção das competências fundamentais para os atos de ler e escrever coloca em jogo muitas operações mentais. O desenvolvimento do raciocínio vincula-se às vivências significativas da criança em suas interações com o meio ambiente.

Os sentidos que diferentes crianças atribuem às mesmas atividades variam, dependendo da relação que cada uma delas estabeleça com elas. O trabalho pedagógico envolve a possibilidade de acolher respostas diferentes em uma situação que, do ponto de vista do professor, parece ser a mesma.

Na alfabetização, como em outras atividades, não se pode solicitar abstrações ainda não elaboradas (que conduzem à memorização sem compreensão), nem tentar "dourar a pílula" recortando, isolando partes da escrita, tentando simplificá-la segundo a ótica do adulto. Nesta fase da vida, cabe à educação proporcionar, além de muitas atividades próprias da infância, a interação das crianças com a escrita, respeitando o modo de cada uma estabelecer essa interação. Suas atividades e suas produções expressam o seu grau de apropriação da escrita.

A memorização desempenha papel importante na vida e na aprendizagem em geral, mas a leitura e a escrita requerem muito mais do que isso, pois compreendem muitos processos cognitivos. A decoração de sílabas faladas e de seus traçados no papel constitui uma perda de tempo, sobretudo numa fase de interesses diversificados e de plena efervescência exploratória que caracteriza os primeiros anos de vida e que são muito importantes para o desenvolvimento da inteligência.

A construção das habilidades fundamentais de leitura e escrita coloca em jogo muitas operações mentais. O desenvolvimento do raciocínio vincula-se às atividades individuais e coletivas que a criança realiza em suas vivências, em suas interações com o meio ambiente.

As crianças não fazem as coisas simplesmente por fazer ou com o objetivo de aprender. Realizam atividades do seu jeito, de acordo com suas possibilidades, para resolver as situações práticas de vida e de convívio compartilhadas com os colegas, juntamente com o professor, atividades essas decididas com a participação de todos.

A leitura e a escrita se desenvolvem como práticas culturais de fato realizadas em situações de comunicação autênticas. Isto pressupõe a interação em situações sociais complexas, nas quais as realizações do aluno são respeitadas.

As crianças e as funções sociais da escrita

As aulas envolvem atividades de leitura e escrita que se integram nas vivências das crianças em sala de aula. Com isso pretende-se assegurar que os atos de ler e de escrever (ainda que, na opinião do adulto, sejam pouco desenvolvidos) tenham algum significado para as crianças. Mediante a ligação desses atos com as vivências, com as ideias, com as experiências, expectativas e indagações infantis, espera-se que o domínio da escrita faça parte dos objetivos que os estudantes estabelecem para si mesmos e com isso mobilizem, espontaneamente, suas energias e recursos disponíveis para atingi-los. Sobre o assunto veja Jolibert (1994). Nesta perspectiva, o aprendiz tentará ler e escrever por sentir uma necessidade real disso. Nestas tentativas ele utiliza tudo o que já sabe sobre a escrita, o que aprendeu – brincando, observando, imitando outras pessoas ou explorando materiais escritos. Ler e escrever constituem atividades que ele julga necessárias e que são de seu interesse, e portanto não são vistas como uma obrigação ou uma imposição da professora ou dos pais.

> Aprender a ler é entrar em um modo de ser, não adquirir uma técnica. Não se pode aprender a ler sem integrar-se num meio onde a escrita é utilizada, compartilhando das razões pelas quais a escrita é utilizada neste meio. Se a família não possibilitou essas realizações, cabe à escola fazer isso, e esta é a razão de ser da escola. Esta deve criar um meio em que se leia realmente, um lugar onde é possível aprender, não um lugar para ensinar. Quem não lê deve associar-se a outras pessoas para as quais a escrita tenha uma utilidade real. Os grupos heterogêneos facilitam a ocorrência de progressos, não o contrário. Quando a criança começa a participar de um grupo, como esse, ela desenvolve, de modo espontâneo, estratégias de adaptação e a seguir, somente a seguir, é que as intervenções pedagógicas poderão ajudá-la em suas aquisições. (Foucambert, s.d.: 55)

As afirmações anteriormente apresentadas confirmam a necessidade de o trabalho nas escolas de educação infantil respeitar as características cognitivas de sua clientela. Ao invés de exercícios prontos, de interferências nos procedimentos e de apresentação de noções infantilizadas, as aulas compõem-se de situações propícias à transformação dos procedimentos das crianças em saberes, mediante atividades diversas.

As crianças leem e escrevem

Muitos professores reconhecem que as atividades de rabiscar são espontâneas, mas se angustiam antecipando dificuldades com a passagem das garatujas para a escrita convencional e com as possibilidades de as crianças não conseguirem ler e escrever.

Uma das sérias dificuldades da educação infantil é a de inserir, no ensino, o modo pelo qual as crianças veem e interpretam os dados de suas experiências. Esta dificuldade consiste sobretudo em realizar o ensino de modo que este tenha sentido para os alunos e, ao mesmo tempo, propicie a construção de conhecimentos e o desenvolvimento intelectual. Uma alternativa para solucionar este problema consiste na aproximação do trabalho pedagógico às vivências e experiências reais das crianças.

Os progressos dos saberes são facilitados com a transformação das aulas em atividades autênticas em que as crianças participem efetivamente.

Bissoli (2009: 45-64) relata um trabalho realizado em classe de pré I, no primeiro semestre do ano letivo, com 25 alunos da faixa etária de 3 a 4 anos de idade. Este trabalho foi desenvolvido com base na pedagogia de projetos de Jolibert (1994a e 1994b) e intitulado "Estações do Ano". Os objetivos propostos incluíam o preparo de uma bebida "vitamina" e uma exposição de todos os trabalhos produzidos pelas crianças com a distribuição de um livro de receitas de bebidas consumidas no verão aos visitantes.

É pertinente ressaltar que a ideia de fazer "a vitamina" partiu das próprias crianças.

Quanto ao aprendizado da leitura, o projeto visava: a distinção do texto ficha prescritiva (receita) dos outros tipos de texto; a identificação do sentido do texto, (valendo-se de indícios tais como o contexto social no qual o texto se insere, as figuras e a silhueta); o entendimento da função social desempenhada por textos como este; e o desenvolvimento da utilização de expressões linguísticas adequadas às situações sociais.

Quanto ao aprendizado da escrita, os objetivos consistiam em avançar na construção da escrita, produzindo um texto coerente, escrito coletivamente e com a mediação da professora, destinado a leitores reais, apesar de as crianças ainda não dominarem a leitura e a escrita convencionais.

A realização do projeto incluía a produção coletiva oral de uma lista, uma receita, um bilhete, um convite, da inserção da receita em um livrinho, do preparo e degustação da vitamina pelas crianças, da produção de um convite para a exposição e de reflexões sobre a realização do trabalho (metacognição).

Sobre o desenrolar do projeto, Bissoli (2009: 46-8) assinala:

> Realizamos um trabalho para verificar quais eram as frutas mais conhecidas pelas crianças. Destas, as três mais indicadas seriam escolhidas para fazer parte da receita da "Vitamina".
>
> Para escrever o nome das frutas, recorremos a um texto, com o qual as crianças também estavam familiarizadas: a lista. Foi feita uma lista, em papel pardo, das frutas favoritas, onde cada criança apresentava sua escolha; a professora escrevia e desenhava esta fruta ao lado da palavra.
>
> Depois, foram escolhidas, dentre as frutas, as 3 mais indicadas – maçã, mamão e banana.
>
> A escrita espontânea foi feita no caderno de desenho. Cada criança fez a sua lista pessoal de frutinhas, desenhando também.
>
> Um aluno, apoiando-se na quantidade de desenhos semelhantes e nas palavras iguais, menciona: – A banana... vai ganhar. (Adrian) – Por que você acha isso? (professora).
>
> – Olha aqui (apontando o cartaz)... tem muito, mas muita palavra *banana* e desenhos de *banana* aqui.
>
> – Mas como você sabe que está escrito banana em tudo isso? (professora)
>
> – Começa com isso (aponta a letra "B") e termina assim (aponta o "na")... é banana sim!
>
> Quando foi anunciada a fruta "banana" como uma das ganhadoras, ele pulou da cadeirinha e disse;
>
> – Viu? Era "banana" tudo aquilo!
>
> O aluno confirmou sua hipótese, embora não soubesse ainda o nome da letra nem da sílaba que apontou. O fato de ver sua hipótese confirmada lhe deu segurança para argumentar. Do exposto depreende-se que não foi necessário "decorar letras", nem "juntar sílabas" para que se chegasse ao sentido. Uma criança de 3 anos e meio, utilizando seus conhecimentos prévios, e apoiando-se nos indícios do texto e no contexto, atribuiu sentido a uma palavra, inserida em uma atividade real, interessante e com sentido.

Este trecho do relato da professora sobre as atividades que realizou com seus alunos, de acordo com a pedagogia por projetos, mostra como as crianças envolvem-se com as práticas de leitura e de escrita orientadas de modo diferente do tradicional. Aqui a leitura e a escrita permeiam as vivências das crianças na escola. O projeto fora decidido por elas, juntamente com a professora, e elas participam de todas as etapas de sua realização.

Este trabalho e outros realizados pela mesma professora com outras turmas e por outras professoras com seus alunos, com diferentes tipos de texto, mostram a viabilidade de realização do letramento generalizado até em classes de crianças muito pequenas. Mas, como revelam os episódios anteriormente descritos, o trabalho pedagógico com crianças pequenas para ajudá-las a aprender a ler e a escrever envolve uma outra modalidade de alfabetização voltada para as práticas culturais de leitura e escrita, não para a memorização de sílabas ou para a soletração.

Deste modo, as perguntas, inicialmente, propostas:

- As escolas de educação infantil devem alfabetizar?
- Em caso de resposta afirmativa, que método seria o mais adequado para trabalhar com as crianças?

podem ter respostas diferentes. As respostas dependem de qual alfabetização estamos falando, ou seja, de como seria realizado este trabalho. Como o ensino em geral, este processo pode ter diferentes encaminhamentos pedagógicos – como processo de transmissão de informações ou como processo de formação para o letramento genérico.

Referências

AVELLAR HINGEL, M. O ensino fundamental de 9 anos: desafios e perspectivas. In: ZAMBELLO DE PINHO, S. (org.). *Formação de educadores*: o papel do educador e sua formação. São Paulo: Ed. Unesp, 2009.

BISSOLI, L. M. Crianças pequenas e o acesso à escrita. In: MICOTTI, M. C. de O. (org.). *Leitura e escrita*: como aprender com êxito por meio da pedagogia por projetos. São Paulo: Contexto, 2009.

BRASIL. Lei n. 11.114 de 16 de maio de 2005. Altera os artigos 6, 30, 32 e 87 da Lei n. 9.394 de 20 de dezembro de 1996, com o objetivo de tornar obrigatório o início do ensino fundamental aos seis anos de idade. *Diário Oficial*, Brasília,17 maio 2005, nº 93, seção 1, p.1.

CHARLOT, B. *Du rapport au savoir*: éléments pour une théorie. Paris: Ed. Economica, 1997.

CHARTIER, A. M. 1980-2010: trinta anos de pesquisa sobre a história do ensino da leitura. Que balanço? In: MORTATI, M. do R. (org.). *Alfabetização no Brasil*: uma história de sua história. Marília: Cultura Acadêmica Universitária, 2011.

FOUCAMBERT, J. L' écrit, un instrument de désaliénation. In: *A noir, E blanc, U vert O bleu... Lecture.* Paris: ADAPT/SNES, *s.d.*

JOLIBERT, J. (coord.). *Formando crianças leitoras.* Trad. B. C. Magne. Porto Alegre: Artes Médicas, 1994.

O ensino fundamental com nove anos de duração

Na primeira década deste século ocorreram modificações na legislação que rege a educação escolar no país. Em maio de 2005, a Lei Federal n. 1.114 estabelece a obrigatoriedade de matrícula inicial no ensino fundamental, aos 6 anos de idade. Em 6 de fevereiro de 2006, a Lei n. 11.274 institui mudanças no sistema de ensino brasileiro, alterando artigos da Lei n. 9.394 que estabelece as diretrizes e bases da educação nacional, estendendo a duração do ensino fundamental de oito para nove anos. E, em 11 de novembro de 2009, com a emenda n. 59 da Constituição, a obrigatoriedade do ensino é estipulada para o período dos 4 aos 17 anos de idade. Aos estados e municípios foi concedido prazo até 2010 para implantar essas mudanças que, atualmente, estão em andamento.

A aplicação destes dispositivos legais que, aparentemente, apenas adiantam o início e aumentam o tempo dedicado ao ensino fundamental, na realidade, requer mudanças pedagógicas na educação escolar, dentre elas as referentes à alfabetização; essa aplicação compreende reformulações do ensino, particularmente do ensino da leitura e da escrita, porque incide em segmentos da escolaridade a ela dedicados.

O primeiro dos nove anos do ensino fundamental é dedicado ao atendimento escolar da faixa etária que, antes da nova lei, frequentava o segmento final da educação infantil, chamado pré-primário, cujos alunos eram matriculados aos 6 anos de idade. Agora, nesta idade, as crianças passam a frequentar o primeiro ano do ensino fundamental ao qual, tradicionalmente, competia o encargo da realização formal do processo de alfabetização.

Em nossas escolas, os trabalhos pedagógicos realizados na educação infantil e na alfabetização, em geral, são focalizados de modo diferente. Ao descompromisso com resultados pré-fixados da educação infantil, apesar da tendência propedêutica predominar com referência ao pré III, contrapõe-se o compromisso de ensinar a ler e a escrever, atribuído ao primeiro ano do ensino fundamental.

Essa diferença é bastante presente nos meios escolares. Ainda que, do ponto de vista teórico, esses trabalhos possam ser considerados em continuidade, a prática pedagógica nem sempre caminha nessa direção. Por isso a nova lei suscita reflexões aos interessados nos problemas da educação básica do país. Estas reflexões indicam diferentes ordens de considerações; nelas distinguem-se, sobretudo, os enfoques do assunto do ângulo das crianças, isto é, tendo em vista os efeitos dessa legislação para a vida infantil e os enfoques que priorizam a inserção dessas mudanças no contexto do sistema de ensino.

Avellar Hingel (2009: 59) afirma que o ensino de nove anos é um novo ensino fundamental cuja organização supõe:

> – a reorganização da educação da educação infantil, particularmente da pré-escola, destinada agora a crianças de 4-5 anos de idade, devendo ter assegurada a sua própria identidade;
> – que o terceiro período da pré-escola não pode se confundir com o primeiro ano do ensino fundamental, pois esse primeiro ano é agora parte integrante de um ciclo de três anos de duração, que poderíamos denominar de ciclo da infância;
> – que esse período é importante para qualificar a educação básica, voltado à alfabetização e ao letramento, além do desenvolvimento de diversas expressões e o aprendizado das áreas de conhecimento.

Estas afirmações colocam em evidência a reorganização tanto da educação como do ensino fundamental, definindo-se os três primeiros anos deste ensino como integrantes de um ciclo. Evidenciam, também, a continuidade do processo de aprendizado, o que remete às medidas para assegurá-la no ensino. Esta questão, que é extremamente importante para a alfabetização, ainda não foi resolvida na prática pedagógica em nossas escolas. Passados alguns anos do início das iniciativas para a implantação da matrícula aos 6 anos de idade, o cenário que se descortina preocupa os educadores.

Em estudo sobre as políticas públicas municipais de implantação do ensino de nove anos, Amaral Mello (2011: 114-20) destaca a questão do "encurtamento" da infância embutida na prática desta nova legislação:

> Vivemos um momento importante de anúncio de um novo conceito de criança como alguém capaz de se relacionar com o mundo que a rodeia desde muito pequenininha; no entanto, essa compreensão não deve levar ao equivoco de pensar que é possível acelerar seu desenvolvimento psíquico transformando precocemente a criança pequena em escolar. Essa aceleração artificial do desenvolvimento da criança por meio do desparecimento paulatino da infância – que pode parecer progressista – é, na essência, reacionária e comprometedora desse desenvolvimento.

Sobre o processo de mudanças em uma escola pública de ensino fundamental no interior do estado de São Paulo, em decorrência dessa lei, Correa (2011: 110), após pesquisar documentos, entrevistar professores e demais profissionais da educação, assinala:

> Considerando então a forma como ocorreu a implantação do E.F. de nove anos, o conteúdo do programa de formação de professores, as condições de funcionamento da escola no que se refere à organização do espaço físico e aos recursos materiais disponíveis, a estrutura curricular proposta e a indução, via avaliação externa, de um currículo real focado no aprendizado da leitura e da escrita, podemos dizer que o brincar, já historicamente ausente dos programas destinados ao E.F., ainda não foi incorporado como elemento necessário ao bom desenvolvimento dos alunos, especialmente daqueles que, agora, ingressam aos 6 anos na escola.

Sobre o brincar e o aprender, observa (2011: 110-1):

> [...] as crianças não estão ganhando em nenhum dos dois aspectos. Em outras palavras, embora o trabalho tenha sido muito mais cansativo, porque as professoras se veem na premência de alfabetizar sem saber como garantir o direito ao brincar, as crianças seguem brincando, mas de modo desorganizado, e não estão por outro lado, dominando a leitura e a escrita como se esperava. A maioria das crianças chegou ao final do primeiro ano com conhecimentos muito rudimentares da escrita. Um grupo de dez alunos que, em meados de 2008, foi encaminhado para atividades de reforço, ao final de 2009 seguia participando desse tipo de atividade, sem ter conseguido avançar em suas hipóteses sobre a escrita.

As afirmações Amaral Mello (2011) e de Correa (2011) colocam em pauta vários aspectos da problemática do ensino fundamental que afetam o trabalho escolar em geral e a prática dessas mudanças de modo particular.

As pesquisas sobre as inovações ou mudanças pedagógicas revelam que essas só acontecem de fato se os agentes responsáveis por sua prática as aceitarem, propondo-se a realizá-las. Não é válido atribuir aos professores a responsabilidade pelos problemas do ensino, pois eles fazem parte de uma conjuntura social e educacional que afeta o funcionamento de todo o sistema de ensino. Mas sem a ação docente as mudanças pedagógicas e a educação escolar, no momento atual, são inviáveis.

A importância da interferência dos professores no modo de interpretar e de aplicar as propostas pedagógicas tem sido evidenciada por resultados de pesquisas feitas ao longo das últimas décadas.

Zeichner (2003: 37-8), ao tratar do papel dos professores na reforma educacional, observa:

> Se há uma conclusão a que se pode chegar com base nos esforços em prol da reforma educacional nos últimos trinta anos é a de que só ocorrerão mudanças qualitativas na prática na sala de aula quando os professores as compreenderem e as aceitarem como suas.

Em se tratando de mudanças pedagógicas referentes à alfabetização, os professores interpretam a proposta apresentada e a ela reagem a seu modo, rejeitando-a logo de início ou fazendo uma avaliação seletiva do que julgam ser possível aplicar. Resultados obtidos em pesquisa mostram que esse processo é afetado por variáveis interagentes, tais como:

> - os julgamentos do que é proposto, feitos, muitas vezes, de modo apressado;
> - a expectativa das famílias quanto ao aprendizado de seus filhos;
> - a influência dos colegas professores que esperam alunos com bom desempenho nos anos seguintes;
> - os riscos que acompanham as mudanças no trabalho docente relativo à alfabetização (dada a visibilidade de seus resultados e sua importância social);
> - as semelhanças ou as diferenças com o ensino que o professor já realiza;
> - a disponibilidade de apoio ao fazer docente por parte de um profissional da educação que acompanhe a prática da proposta;
> - as representações que os professores fazem da capacidade de seus alunos;
> - as reações subjetivas do próprio professor, por exemplo, sentimentos de segurança ou de insegurança, medo de arriscar seu prestígio profissional etc. (Micotti, 1998).

O exposto evidencia a complexidade dos processos de mudança pedagógica no âmbito da alfabetização. Sobre o papel que os profissionais da educação desempenham nos resultados do ensino, cabe assinalar que não podemos atribuir-lhes a responsabilidade pelo processo como um todo, uma vez que múltiplos fatores sociais e econômicos afetam o trabalho escolar. Entretanto, é preciso reconhecer como imprescindível o trabalho desses profissionais para o sucesso do ensino. As propostas de reformulações curriculares não acontecem sem a adesão da equipe escolar. Neste contexto, destaca-se a importância da continuidade do trabalho didático. Desta continuidade, que é fundamental para o ensino por ciclos, depende em grande parte o êxito do acréscimo de um ano de escolaridade logo no início do ensino fundamental. Isto coloca a necessidade de as escolas realizarem adequações em sua atuação.

Santos e Vieira (2006), considerando a implantação em Minas Gerais, desde 2004, de medidas previstas nessa lei, observam:

> O processo de implementação, além dos problemas de infraestrutura, de currículo e formação docente, torna-se mais complexo, devido ao processo de apropriação pelos sujeitos envolvidos, dos significados desta política, ou seja, a interpretação dos dispositivos legais não é unívoca. Este fato é evidenciado por depoimentos colhidos em seminários e encontros com dirigentes e professoras, sejam da rede estadual, sejam das redes municipais de ensino, em Minas e em todo o país, onde várias questões e dúvidas são levantadas, merecendo, além de respostas, reflexões e pesquisas.

Estas manifestações sobre as mudanças em pauta confirmam a complexidade da aplicação desta nova lei e a interferência, nesse processo, dos profissionais envolvidos. Além disso, o problema que se coloca para a prática da mudança, neste caso, diz respeito à antecipação do processo de alfabetização, assunto que, como vimos, preocupa os educadores.

A antecipação do ensino da leitura e da escrita

Entre as indagações relativas à aplicação da nova lei, destacam-se as referentes ao ensino a ser realizado com alunos de 6 anos de idade e o desenvolvimento desse ensino nas séries seguintes, ou seja, indagações sobre o trabalho com o processo de alfabetização nas séries iniciais do ensino fundamental.

Não são recentes as discussões sobre a viabilidade de alfabetizar crianças pequenas ou de iniciar o ensino da leitura e da escrita na educação infantil. No entanto, ao longo do tempo, exceto em ocorrências de algumas iniciativas, esse trabalho geralmente permaneceu mais no terreno das intenções do que no das ações.

Como nem todas as crianças brasileiras têm acesso à educação infantil, ainda que este acesso seja amplo, a nova lei é justificada como fator de sucesso escolar; é considerada como significativa do ponto de vista social e educacional por propiciar a democratização da educação, assegurando a inclusão de parcelas significativas da população ao sistema escolar. Porém, em educação, as relações entre causas e efeitos raramente são lineares.

A antecipação da matrícula no ensino fundamental pode favorecer o êxito no aprendizado ao propiciar mais cedo o acesso ao mundo letrado a maior número de crianças, por isso é vista como possível fator de superação do analfabetismo ou do analfabetismo funcional. Mas, na prática, o acesso à escola não se traduz pelo acesso à língua escrita. Problema que, hoje, ganha visibilidade com os resultados das avaliações que mostram níveis de desempenho em leitura e escrita aquém dos estágios avançados de escolaridade em que se encontram os estudantes, indicando ser o aumento do número de matrículas escolares condição necessária, mas não suficiente, para a democratização do acesso ao saber.

A busca do ensino pré-escolar por parte de uma família por si só pode representar a valorização da educação, o que constitui um dos fatores do êxito escolar. A busca pela educação infantil pode representar a atenção dos familiares ao desenvolvimento afetivo e intelectual das crianças, com procedimentos de apoio à sua vida escolar, quanto à frequência às aulas, à colaboração para a realização das atividades solicitadas pelos professores, a inserção da escolaridade no projeto de vida do indivíduo, por exemplo.

Experiências bem-sucedidas de ensino da leitura e da escrita, iniciado aos 6 anos de idade ou antes, reforçam a ideia de que estender o tempo dedicado à alfabetização, antecipando o início do ensino fundamental, possa conduzir ao êxito no aprendizado. Mas a ocorrência de algumas experiências bem-sucedidas com a alfabetização aos 6 anos não significa, necessariamente, passaporte para o êxito escolar, nem que essa medida por si só possa resolver os problemas do ensino da leitura e da escrita.

O êxito e o insucesso no processo de ensino e aprendizado colocam a questão do sentido que o trabalho escolar assume para as crianças e para seus familiares, o que, por sua vez, coloca em jogo o atendimento no ensino das peculiaridades cognitivas que as crianças apresentam em suas interações com a escrita e de suas necessidades emocionais e sociais. Deste modo, fazer com que as crianças iniciem mais cedo a interação com a cultura da escola fundamental, na qual a escrita desempenha papel muito importante, também pode favorecer a alfabetização das crianças. Mas isso depende da interação e da cultura que as escolas proporcionarem aos seus alunos.

O Projeto Lápis de Cor

Algumas iniciativas bem-sucedidas de antecipação do ensino da leitura e da escrita são observadas ao lado de outras que se resumem apenas à introdução do estudo das sílabas nas classes de pré III (alunos de 6 anos). Essas variações ocorrem dentro de um mesmo projeto pedagógico porque se relacionam às interações que os professores estabelecem com o projeto.

Em 1991 e 1992 coordenamos o Projeto Lápis de Cor do qual participaram, no primeiro ano, por opção das professoras, as classes de pré III e, no segundo ano, estas e mais as classes de pré II da rede municipal de educação infantil de Rio Claro, SP.

Este trabalho regia-se pela ideia de proporcionar às crianças interações diversificadas com a leitura e com a escrita, ou seja, pela ideia de promover a inserção de todas elas no universo letrado, sem o compromisso com o domínio de competências específicas em prazos predeterminados, mas com a responsabilidade de apoiar o seu desenvolvimento de acordo com o ritmo de cada uma.

A introdução do projeto na rede municipal contou com a realização de oficinas sobre leitura e escrita, de reuniões para discussão de suas diretrizes e de suas consequências na prática do dia a dia, em seminários sobre a orientação dada às atividades feitas em sala de aula, considerando-se a participação dos alunos, e sobre a utilização dos recursos disponíveis. Estes constituíam-se, sobretudo, de uma pequena biblioteca, instalada em cada escola, alfabetos (com letras isoladas), feitos em plástico para uso, livros de literatura infantil diversificados e alguns em número suficiente para serem utilizados simultaneamente por todos os alunos de uma mesma turma.

Apesar do trabalho não ter por objetivo alfabetizar as crianças, os pais, as próprias professoras e diretoras das escolas surpreendiam-se com a evolução que elas apresentavam no final do ano letivo; algumas liam e escreviam de modo convencional, e outras com desenvolvimento avançado no processo de construção da escrita. Mas cabe relatar também a introdução da silabação por algumas professoras (com experiência no magistério em classes de 1ª série do ensino de primeiro grau) que se distanciavam das diretrizes do projeto, sem a obtenção dos mesmos resultados. A proposta de ensino, baseada nas interações das crianças com a escrita, foi interpretada nas práticas pedagógicas dessas professoras como memorização das correspondências entre sons e grafias de sílabas, apesar de todas das discussões desenvolvidas.

Uma indagação que a antecipação do ensino fundamental provoca é a seguinte: se o ensino sistemático da leitura e da escrita, iniciado aos 7 anos de idade, não tem tido o êxito esperado, como mostram os resultados das avaliações nacionais e internacionais, por que seria bem-sucedido iniciando-se aos 6 anos de idade?

Essa questão e as observações das práticas pedagógicas e do que ocorre nas escolas suscitam reflexões sobre a possibilidade de a antecipação do início do ensino fundamental manter ou agravar a problemática da alfabetização. Isto pode acontecer se essa mudança for tratada apenas como uma transposição do trabalho feito antes com as crianças de 7 anos ou mais para as crianças mais novas. Apesar de a idade por si só não assegurar a evolução cognitiva, geralmente, aos 7 anos uma criança é mais evoluída do que foi aos 6 anos de idade. A observação revela que a influência da idade na aquisição da leitura e da escrita ocorre associada a outros fatores, dentre eles, as experiências infantis vividas fora da escola, e o próprio ensino. O sucesso no aprendizado da escrita vincula-se às interações do indivíduo com escritos e com outros leitores/escritores; às experiências e conhecimentos das crianças referentes à escrita, elaborados antes do ensino formal.

A baixa autoestima e seus efeitos

No desenvolvimento infantil, um intenso processo de mudanças cognitivas ocorre, geralmente, aos 7-8 anos de vida, possibilitando ao sujeito modos de pensar e de agir mais evoluídos, abrindo novas possibilidades ao aprendizado. Experiências desastradas vividas pelas crianças trazem efeitos que persistem no tempo.

A baixa autoestima das crianças constitui problema que dificulta os trabalhos iniciais dos projetos, desenvolvidos no Laboratório de Alfabetização do Departamento de Educação do Instituto de Biociências de Rio Claro (Unesp) com alunos das séries iniciais do ensino fundamental (indicados pela equipe escolar como os que precisam de mais apoio na alfabetização). Este problema manifesta-se por:

- verbalizações espontâneas que indicam descrença na própria capacidade para aprender a ler e a escrever;
- expressões de receio de participar das atividades alegando incapacidade;
- respostas negativas ao convite para participar de exploração de texto, das produções escritas etc.

Condutas como essas são observadas tanto junto a alunos matriculados na segunda como junto aos matriculados na quarta.

A matrícula na escola fundamental aos 6 anos de idade pode conduzir a resultados muito diferentes dos previstos pelos legisladores se trouxer mais cedo para os alunos as vivências das experiências de frustração que acompanham a baixa realização escolar.

A alfabetização

No que diz respeito à alfabetização, a Lei Federal n. 11.274 de 6/2/2006 foi promulgada num momento de mudanças, de questionamentos e de conflitos pedagógicos, ou seja, num cenário educacional conturbado. As escolas nem sempre conseguem desenvolver seu trabalho de modo significativo, sobretudo para os alunos provenientes de segmentos da população que antes eram excluídos do sistema de ensino.

A alfabetização e seus resultados são, por vezes, vistos como passíveis de tratamento apenas pelo senso comum, ou por conhecimentos gerados na própria prática escolar, o que, aliás, não é exclusividade de nosso país. Segundo Mialaret (1965), por muito tempo a aquisição da leitura foi considerada como um assunto de interesse apenas da prática pedagógica. As pesquisas sobre a leitura e a sua aquisição ganharam grande impulso a partir da metade do século XX. Hoje, questões que são fundamentais para a alfabetização, tais como "O que é ler?", "Como se aprende a ler e a escrever?", encontram respostas que diferem segundo os referenciais teóricos das pesquisas e das propostas pedagógicas que as embasam.

As diferenças teóricas geram controvérsias e confusões no ensino, como aquelas que acompanham a implantação do ensino em ciclos e da proposta construtivista em nossas escolas.

No estado de São Paulo, a estrutura do ciclo básico, mediante uma progressão continuada nas duas séries iniciais, foi oficializada no final de 1983, intensificando-se, nas escolas, os embates da estruturação curricular em ciclos com aquela do ensino seriado.

Pouco tempo após a instituição do ciclo básico o construtivismo foi apresentado como proposta pedagógica para orientar o ensino nas escolas públicas estaduais. Estas medidas são justificadas pela necessidade de democratizar o ensino, como realçam afirmações contidas em documentos publicados pela Secretaria de Estado da Educação, tais como:

> Após mais de dez anos de reforma introduzida pela Lei n. 5692/71, continuamos a sustentar o fracasso escolar com uma reprovação de mais de 40% das crianças na primeira série. [...] Abrindo-se para as classes populares, a escola não se reformulou para atender a uma clientela diferente da que estava acostumada a receber. (São Paulo, Estado, SE/CENP, 1988)

Dentre os fundamentos da proposta construtivista, encontram-se as pesquisas de Ferreiro e colaboradores, vinculadas à escola de Genebra. São destacadas as ideias de Vygotsky sobre a escrita como prática cultural, reforçando as críticas sobre o ensino limitado às técnicas de decifração mecânica. Nas orientações, o enfoque da escrita como sistema de representação de significados é contraposto ao seu enfoque como código de transcrição gráfica de sons. É dada ênfase à utilização social da escrita, às leituras de textos, às oportunidades de as crianças viverem experiências como leitores e escritores. É recomendada a diversificação dos textos utilizados em sala de aula (São Paulo, Estado, SE/CENP, 1988).

A nova proposta didática não apenas contrapõe-se à leitura como sonorização de sinais gráficos, nem sempre com compreensão, mas ao processo de alfabetização restrito ao acesso ao código alfabético. Com vistas à utilização social da escrita, o trabalho com textos é previsto desde o início desse processo.

O ensino em ciclos, o construtivismo e as práticas pedagógicas

A instituição do ciclo básico eliminou a presença dos repetentes nas salas de aula, sobretudo nas turmas de 1ª série, pois com frequência a idade desses alunos, sucessivamente reprovados, correspondia à faixa etária das turmas de quarta série. Eles, de modo geral, eram motivo de queixas por parte dos professores com a alegação de que perturbavam as aulas, não manifestavam interesse pelos estudos e que tinham desistido de aprender.

Essas condutas manifestavam-se após "repetirem o ano", estudarem com a mesma professora, utilizando a mesma cartilha, fazendo cópia, leitura e ditado.

No entanto, os resultados esperados com a instituição do ciclo básico ainda não foram obtidos no que diz respeito ao êxito no aprendizado da leitura e da escrita.

Na prática pedagógica, muitas vezes, o trabalho feito no segundo ano de escolaridade pressupõe que as crianças já desenvolveram os conhecimentos básicos de leitura e escrita, ao passo que no primeiro ano o trabalho se processa sem muito compromisso com o desenvolvimento dessas competências porque, afinal, a alfabetização pode continuar no ano seguinte.

Em algumas escolas, cada professora recebe no segundo ano as mesmas crianças com que trabalhou no ano anterior; procura-se assim assegurar a continuidade do ensino. Iniciativas como essa podem diminuir o problema da descontinuidade do trabalho pedagógico em um mesmo ciclo, mas não o resolvem, porque, entre outros motivos, nem todas as professoras trabalham numa mesma escola por dois anos consecutivos.

A continuidade do trabalho escolar referente à aquisição da escrita, que constitui ideia-chave tanto da estrutura curricular em ciclos como do construtivismo, exige mudanças didáticas radicais no ensino, mudanças que, via de regra, não aconteceram na prática. Além disso, aplicações equivocadas das práticas construtivistas podem ser observadas no ensino. Este acaba concentrando-se nas silabações e desenvolvendo a leitura como decifração, muitas vezes sem compreensão, e deixando de lado a produção de textos escritos e mesmo de textos orais.

O aprendizado da leitura e as práticas pedagógicas

Nos meios escolares, procedimentos diversos são denominados construtivistas, entre os quais se incluem vários que, do ponto de vista teórico, não correspondem a essa concepção pedagógica. Em muitas escolas, segundo o senso comum, os procedimentos didáticos que se afastarem dos padrões tradicionais comuns são considerados construtivistas. Por outro lado, princípios pedagógicos de diversas orientações, algumas até contraditórias, misturam-se nas aulas. Nas escolas, essas "misturas" são conhecidas entre os professores como "falso construtivismo" ou "construtivismo moderado".

Aqui se encontram alguns dos grandes nós com que se defronta a aplicação das propostas de inovação pedagógica, no decorrer das últimas décadas, as dificuldades observadas no ensino referentes à:

- realização de práticas favoráveis à interação do aluno com a escrita como objeto de conhecimento;
- inserção do ponto de vista do aluno nas situações didáticas mediante explicações ou conflitos cognitivos, por exemplo;
- promoção da continuidade do ensino e do aprendizado da leitura e da escrita na prática escolar.

São pouco frequentes, no decorrer das aulas, as práticas de interação dos alunos com textos escritos; o texto, quando presente é, em geral, escrito na lousa e lido pelo professor para que as crianças repitam a leitura. São raras as situações em que é concedido um tempo para a sua exploração. Com frequência, o acesso aos livros de literatura infantil, se disponíveis em sala de aula, é permitido apenas no intervalo entre tarefas dirigidas pelo professor.

A inserção do ponto de vista do aluno nas situações didáticas envolve, entre outras medidas, o desenvolvimento de diálogos do professor com seus alunos, a utilização social de textos (como objeto de estudo), mas essas situações são pouco comuns.

A (des)continuidade pode ocorrer no ensino de diferentes maneiras, dentre elas as referentes:

- à sequência temporal – o que é ensinado antes e o que é ensinado depois;
- às lacunas – o que não é incluído no ensino;
- à coerência do trabalho desenvolvido ao longo do tempo com um mesmo grupo de alunos.

Na prática, a ênfase na possibilidade de o indivíduo desenvolver conhecimentos em suas interações com o meio ambiente e a crítica ao ensino tradicional são interpretadas, por parte da escola, como liberação do compromisso de ensinar, de criar situações favoráveis às interações dos alunos com a escrita, de ajudá-los a sistematizar suas descobertas, uma vez que o tempo e o desenvolvimento cognitivo das crianças se encarregariam de proporcionar o acesso à escrita. Dos resultados das pesquisas de Ferreiro e colaboradores, são lembrados apenas critérios para avaliar a evolução da escrita feita pelas crianças, como se essa evolução pudesse se beneficiar diretamente de intervenções pontuais para transmitir o código alfabético. Interpretações como essas, que ignoram as experiências das crianças com a escrita fora e dentro da sala de aula, prejudicam, sobretudo, as crianças das classes populares.

Como das diferenças entre os modelos teóricos relativos à leitura e a sua aquisição decorrem diferenças pedagógicas, a aplicação desses modelos exige das crianças desempenhos compatíveis com cada um deles, daí a importância da coerência do trabalho pedagógico.

Hoje o retorno ao regime seriado e às reprovações é defendido como medida para superar o fracasso escolar. Em contraposição ao construtivismo, é também defendida a adoção oficial de métodos que, na realidade, não foram eliminados na prática.

Outra questão que afeta o trabalho docente e causa preocupação por parte dos educadores decorre da aquisição de "pacotes pedagógicos" pelas prefeituras municipais, que incluem materiais e orientações para a preparação de professores com vistas à aplicação desses recursos inclusive em aulas de alfabetização. Em um trabalho resultante de uma pesquisa, intitulado "A aquisição de sistemas de ensino por municípios paulistas: privatização da educação pública?", Adrião (2011: 47) assinala:

> A educação pública, que deveria significar uma política de Estado, encontra-se, assim submetida a interesses de instituições privadas e aos interesses privados de governantes locais. Isso significa que toda uma rede de escolas, mesmo que

> diminuta, fica subordinada a uma única orientação pedagógica, contrariando, inclusive a legislação vigente (LDB) – orientação essa que se organiza a partir de materiais estruturados que não passam por controle público, pois não temos os Conselhos Municipais de Educação opinando sobre os contratos.

Como vemos, o contexto da aplicação da Lei n. 11.274 é bastante complexo.

O que as modificações legais propõem ao ensino?

As medidas adotadas por essa lei – a antecipação do início do curso fundamental e aumento de sua duração – incidem em segmentos do ensino diretamente vinculados ao processo de alfabetização, e portanto sua aplicação irá se defrontar com os problemas que historicamente marcam esse processo.

Na prática, essas medidas legais encontram os mesmos problemas que têm marcado a realização das propostas de mudanças pedagógicas nas últimas décadas, acrescidos de outros, como a condução do ensino por sistemas "apostilados". Se as medidas adequadas não forem adotadas por parte das diversas instâncias educacionais, a esses conhecidos problemas irão juntar-se outros, decorrentes do acréscimo de um tradicional segmento da educação infantil ao ensino fundamental, com atendimento de crianças com 6 anos ou menos em classes de alfabetização.

As medidas legais vão desafiar os mesmos problemas que marcaram o cenário da educação escolar nas últimas décadas. Para produzir efeitos positivos sobre a alfabetização da população do país, a aplicação da nova lei envolve, dentre outras medidas, as relativas à unidade na ação pedagógica. Esta unidade pressupõe, além da continuidade, a coerência do trabalho desenvolvido e discussões mais amplas sobre alfabetização diante de diferentes concepções pedagógicas.

A opção por concepções teóricas, feita pelos professores explicita ou implicitamente, marca o trabalho educacional, e aqui cabe assinalar a importância para o aprendizado das crianças de a escola manter uma única linha pedagógica para orientar o trabalho de uma mesma turma de alunos nos três anos iniciais do ensino fundamental e de preservar essa opção na prática.

A escola pode viabilizar e abrigar diversas opções teóricas relativas ao trabalho pedagógico por parte do corpo docente, com o compromisso de preservar a continuidade das experiências de aprendizado proporcionadas a cada turma de alunos. Esta alternativa se mostra mais adequada para assegurar a opção e a liberdade de ação dos professores, contudo, exige maior organização da atuação escolar como um todo e estratégias de gestão pedagógica compatíveis com a complexidade desse trabalho. Esse assunto envolve a elaboração do projeto pedagógico e traz outra indagação, a de saber se esse projeto contempla o trabalho relativo ao processo de alfabetização e, em caso de resposta positiva, qual é o enfoque dado esse trabalho.

Não é pouco frequente que o trabalho escolar relativo à alfabetização seja deixado ao acaso, que as classes de alfabetização, sobretudo as de 1ª série, sejam atribuídas a professoras principiantes, às recém-chegadas à escola, como uma espécie de "trote" para as novatas "que chegam da faculdade com a cabeça cheia de teorias".

A antecipação da matrícula inicial aos 6 anos de idade propõe às escolas a necessidade de pensar a inserção do ensino da leitura e escrita no ensino fundamental. Repensar a alfabetização inclui considerações sobre alternativas além da silabação para realizar esse processo.

Para finalizar essas reflexões, vale lembrar as afirmações apresentadas pela Secretaria de Estado da Educação de São Paulo feitas por ocasião da instituição do ciclo básico há mais de vinte anos...

Referências

ADRIÃO, T. A aquisição de sistemas de ensino por municípios paulistas: privatização da educação pública? In: ZAMBELLO DE PINHO, S. (org.). *Formação de educadores*: dilemas contemporâneos. São Paulo: Ed. Unesp, 2011.

AMARAL MELLO, S. Políticas públicas municipais de implantação do ensino de nove anos: aprofundando o abreviamento da infância. In: ZAMBELLO DE PINHO, S. (org.). *Formação de educadores*: dilemas contemporâneos. São Paulo: Ed. Unesp, 2011.

AVELLAR HINGEL, M. O ensino fundamental de nove anos: desafios e perspectivas. In: ZAMBELLO DE PINHO, S. (org.). *Formação de educadores*: o papel do educador e de sua formação. São Paulo: Ed. Unesp, 2009.

CORREA, B. C. Trabalho pedagógico com crianças de 6 anos no ensino fundamental: contradições da política educacional expressas no cotidiano da escola. In: ZAMBELLO DE PINHO, S. (org.) *Formação de educadores*: dilemas contemporâneos. São Paulo: Ed. Unesp, 2011.

MIALARET, G. Psychologie experimentale de la lecture, de l'écriture et du dessin. In: FRAISSE, P.; PIAGET. J. *Traité de psychologie experimentale*, v. VIII. Langage, communication et décision. Paris: PUF, 1965.

MICOTTI, M. C. de O. O professor e as propostas de mudanças didáticas. In: SERBINO, R. V. et al. *Formação de professores*. São Paulo: Ed. Unesp, 1998.

SANTOS, L. L. C. P.; VIEIRA, L. M. F. Agora seu filho entra mais cedo na escola: a criança de seis anos no ensino fundamental de nove anos em Minas Gerais. *Educação & Sociedade*. Campinas, v. 27, n. 96, out. 2006.

SÃO PAULO (ESTADO). SECRETARIA DA EDUCAÇÃO – COORDENADORIA DE ESTUDOS E NORMAS PEDAGÓGICAS. A reorganização do ensino de 1° grau: Ciclo Básico. In: *Ciclo Básico*. São Paulo: SE/CENP, 1988, pp.13-22.

ZAMBELLO DE PINHO, S. (org.). *Formação de educadores*: dilemas contemporâneos. São Paulo: Ed. Unesp, 2011.

ZEICHNER, K. Formando professores reflexivos para a educação centrada no aluno: possibilidades e contradições. In: BARBOSA, R. L. L. (org.). *Formação de educadores*: desafios e perspectivas. São Paulo: Ed. Unesp, 2003.

As crianças, as professoras e as suas práticas em alfabetização

Atualmente é possível distinguir diferentes tendências teóricas nas quais se concentram pesquisas e práticas pedagógicas referentes à alfabetização. Em nossas escolas, duas grandes tendências didáticas destacam-se, sobretudo no discurso pedagógico dos professores – o ensino tradicional e o construtivismo. Estas tendências, que aparecem tanto na educação infantil como na escola fundamental, a rigor, distinguem-se pelos encaminhamentos propostos ao trabalho pedagógico, em decorrência de seus fundamentos teóricos.

Uma dessas tendências centra-se, sobretudo, no ensino do código alfabético e a outra, nas interações da criança com a escrita.

A orientação teórica de uma ou de outra tendência determina grandes diferenças nas práticas pedagógicas e gera efeitos diversos para o aprendizado da escrita e para a formação do leitor. Uma dessas diferenças refere-se ao modo de realizar e de organizar as situações em que se inserem as práticas de leitura e de escrita.

As práticas, segundo a didática tradicional, focalizam a leitura como decifração, vinculada ao aprendizado do código alfabético, e a compreensão, à passagem da escrita para a língua oral.

No ensino segundo o enfoque construtivista são previstas práticas de leitura como atribuição de sentido ao texto, processo que ocorre simultaneamente ao aprendizado do código alfabético e se resume em aprender a ler lendo e a escrever escrevendo.

Outra diferença entre essas abordagens refere-se à produção textual que, na didática tradicional, situa-se após o aprendizado do código e, na construtivista, o aprendizado do código insere-se na leitura e escrita de textos. Assim, a alfabetização e o letramento não se separam, ocorrem juntos e em interação.

As práticas didáticas tradicionais e os desempenhos infantis

A aplicação de métodos tradicionais, ao acentuar a memorização de aspectos pontuais do código alfabético, como por exemplo a identificação de letras, convence os pais, sobretudo de alunos da educação infantil, da validade do trabalho realizado pela escola. Eles ficam contentes ao verem as crianças nomear as letras ou tentar reproduzir as associações, decoradas nas aulas, entre algumas grafias e sons.

Os métodos tradicionais fundamentam-se em bases epistemológicas empiristas; têm em comum a intenção de controlar os procedimentos dos alunos segundo modelos preestabelecidos. As situações didáticas padronizadas, com ênfase nas correspondências entre sons e grafias, em atividades repetitivas e mecânicas, como, por exemplo, a realização de cópias, leitura das sílabas e ditado. Segundo Pozo (2002: 48), para o empirismo nosso conhecimento é só reflexo da estrutura do ambiente, e aprender é reproduzir as informações que recebemos.

Nos diálogos com os profissionais do ensino – em palestras, em cursos ou reuniões –, são comuns as manifestações sobre a construção dos conhecimentos referentes à psicogênese da escrita, particularmente sobre as fases da escrita infantil, com afirmações reveladoras de alguns conhecimentos atualizados sobre o assunto. Mas a descrição de suas práticas pedagógicas revelam defasagens em relação ao discurso.

A didática tradicional permeia a nossa experiência com a aprendizagem inicial da leitura e da escrita. Ao pensarmos em alfabetização, logo vem à mente a imagem de uma professora em sala de aula diante de uma lousa, onde encontra(m)-se a(s) família(s) silábica(s), fazendo com que os alunos repitam a leitura de cada sílaba. Essa imagem é comum e esse procedimento é ainda muito usado.

Na educação infantil e no ensino fundamental é comum o trabalho com a memorização do nome de cada letra do alfabeto. Em decorrência disso, há crianças que tentam ler nomeando as letras. Diante de qualquer palavra escrita apontam e dizem, um a um, os nomes de cada letra que a compõem, mas não conseguem dizer a palavra, nem o seu significado. Por exemplo, diante da palavra escrita "alegria" dizem:

a, ele, e, gê, erre, i, a

Não pronunciam a palavra e tampouco manifestam conhecimento de seu significado. A criança quando quer escrever, *mutatis mutandis*, reproduz o processo.

Adriano desde os 2 anos frequenta escola de educação infantil e ama os livros. Aos 4 anos e 8 meses, insistia para que os adultos contassem histórias e ouvia atentamente a leitura de contos infantis. Ele acompanhava as leituras demonstrando muito interesse. Mas não se dispunha a ler. Observamos que sua autocrítica era muito forte e por isso evitava correr o risco de errar. Como isto nos preocupava, propusemos a leitura de um livro por imagens, mas ainda assim não queria ler. Entretanto, diante das iniciativas da irmã (que se encontrava em processo de alfabetização escolar), tratou de se apropriar do livro e começou a "brincar" de ler. Leu muito bem a narrativa apresentada por imagens. Em seguida, observando a irmã que gostava muito de ler cartas enigmáticas, começou a ler esses textos com ajuda.

Atualmente, aos 5 anos e 7 meses, Adriano interessa-se pelos livros de literatura infantil que folheia, observando as ilustrações e os textos. Manifesta espontaneamente interesse em escrever, utilizando letras isoladas, tentando ler e explorar a escrita. Como gosta de organizar as coisas de seu ambiente, pede ajuda para escrever listas de palavras e diz qual é o grupo de palavras que quer escrever, como por exemplo nomes de pessoas e de animais. Feita a escolha, solicita um nome de bicho que comece com "a". As pessoas presentes fazem suas sugestões, ele escolhe o que quer escrever, coloca a primeira letra e pergunta: "E, agora, que letra eu coloco?" Alguém diz o nome da letra, ele a situa no alfabeto (que já memorizou) e a coloca, e assim procede sucessivamente, até formar a palavra. Depois, embaixo da primeira palavra escreve a segunda, depois a terceira etc. Ele utiliza o sinal da subtração para separar uma palavra da outra. Ao receber a sugestão para ouvir bem o final da palavra para escrever, ele repete o som, por exemplo, "a" ou "o", e encontra a letra. Entretanto, por enquanto o menino ainda não focaliza a palavra como um todo, pois a estratégia alfabética ensinada interfere na abordagem da síntese. Mas começa a se interessar pela estrutura da escrita.

Aos 5 anos e 8 meses, trouxe uma folha com a lição sobre a família silábica composta por "r" inicial e as vogais; interessou-se ao ouvir que a letra "r" muda de som conforme sua posição na palavra. Gostou de ouvir as explicações de que esta letra, quando se encontra entre vogais, corresponde a outro som: por exemplo, a escrita "rata", depois da sílaba "ba", fica "barata". Assim, quando encontra-se entre vogais, a letra "r" "chama" outra igual para fortalecer-se. É por isso que aparecem duas letras – "rr" – em algumas palavras. Diante disso ele perguntou: "Se houver cinco vogais, a letra 'r' aparece cinco vezes?" Após a explicação fez outra pergunta: "O que acontece com a letra 's'?". Esta pergunta indica a antecipação de alguma semelhança entre as variações referentes às letras "r" e "s". Mas o menino ainda não lê de modo convencional, o que não significa que desconheça a leitura. Ele frequentemente dedica-se à observação de textos contidos em livros de literatura infantil.

As perguntas de Adriano indicam processos que ocorrem por ocasião da interação das crianças com a escrita e suscitam reflexões sobre as relações entre ensino e aprendizado. Destas emerge a questão: "Que perguntas as crianças fariam se elas pudessem dizer o que pensam diante das explicações que ouvem?".

No ensino, os métodos sintéticos vêm sendo utilizados ao longo do tempo. Nas práticas pedagógicas são introduzidas algumas modificações que indicam opção pelos métodos mistos. Algumas modificações são mais comuns, por exemplo, a introdução de famílias silábicas pode ocorrer com o destaque da sílaba inicial de uma palavra. As palavras são escolhidas e organizadas em ordem alfabética.

Cada lição pode ser introduzida com uma narrativa oral, ou com outras atividades relacionadas à "palavra-chave" que a representa. Em seguida são estudadas as famílias silábicas, geralmente, as compostas por uma consoante com cada uma das vogais. Após o estudo das sílabas simples, são focalizadas as sílabas complexas designadas como "dificuldades" pelas alfabetizadoras.

Observações realizadas em sala de aula

Registros de observações de aulas, feitas em diferentes momentos e contextos, revelam que a aplicação de procedimentos como esses ocorre até hoje em nossas escolas.

Segundo registros de observações realizadas em classe de 1ª série do ensino fundamental, apresentados em Micotti (2000: 185-207):

> Observei logo de início... As carteiras estavam todas enfileiradas, os alunos sentados um atrás do outro. Os alunos fizeram uma oração ao iniciar a aula, no entanto, três alunos que estavam sentados no fundo da classe mesmo durante a oração não paravam de conversar e dar risadas.
>
> Pediu para todos os alunos abrirem seus cadernos que ela iria passar visto na tarefa de casa, os três alunos do fundo nem escutaram o que a professora havia falado e ela também parece que faz de conta que não os vê.
>
> Após o visto, passou na lousa o cabeçalho e pediu que as crianças abrissem os cadernos e fossem copiando.
>
> Conversando com a professora, enquanto os alunos estavam copiando, ela comentou que possui vinte e nove alunos e destes nove ainda não sabem escrever. Disse também que a classe é boa, apenas alguns alunos que (que por coincidência são os que não sabem ler) são indisciplinados e desligados.

> Alguns alunos que conversavam, levantavam-se e jogavam papéis. A professora levantou-se e separou essas crianças; pôs uma em cada canto da sala. Elas pararam de falar, mas não abriram o caderno. Terminada a atividade houve a leitura do texto (composto basicamente com palavras formadas pelas sílabas da família estudada).
> A professora indicava a escrita na lousa e as crianças acompanhavam, apontando o que liam no papel. Depois, foram apresentadas algumas perguntas sobre o texto para as crianças responderem.
> A professora pediu que os alunos assinalassem as palavras nas quais se encontravam as sílabas estudadas. Enquanto as crianças faziam as atividades, a professora começou a chamar alguns alunos a sua mesa, para que fizessem a leitura de um texto. Ela chamava a atenção dos que não conseguiam ler bem e, para esses, passava a tarefa de treinar a leitura do texto em casa. Após tomar a leitura de todos, solicitou que pegassem o lanche e formassem a fila. Após o recreio, foi feita a correção das atividades. A professora solicitou que alguns alunos lessem as respostas dadas ao questionário, os que apresentaram respostas erradas eram advertidos para prestar mais atenção.
> A professora pouco dialoga com as crianças, exceto no decorrer da correção dos trabalhos. Os alunos com dificuldades ficam isolados num canto da classe.

Nestes registros temos atividades previamente estruturadas e padronizadas que são aplicadas à classe toda, ou melhor, que se aplicam aos alunos da turma que vêm acompanhando o trabalho do professor, para os quais as atividades têm um sentido; o mesmo não acontece com os nove alunos que ficam à margem do que acontece na aula.

Hoje há tentativas de reinventar o trabalho com as famílias das sílabas; assim, apesar da insistência do ensino nas correspondências isoladas entre as grafias e os sons das sílabas, procura-se contextualizar essas correspondências com textos supostamente conhecidos e memorizados pelas crianças, mas, na prática, com frequência o ensino atribui ênfase ao estudo das famílias silábicas.

A seguir apresentamos o relato de observações de aulas, feitas em classes do primeiro ano do ensino fundamental, por Guilherme (2011):

> A professora (PA) percorre a sala para ver as atividades feitas pelas crianças e escreve na lousa um texto com lacunas que é a letra de uma cantiga folclórica. Questiona o porquê dos sinais que aparecem na cantiga [pontuação]. Pergunta qual é a palavra que se encaixa em cada lacuna e como é escrita. Depois, diz:
> Quem já terminou já pode cantar a música. [Antes dos alunos começarem a cantar, a professora pergunta para as crianças:] Quantas palavras BOI vocês recortaram?
> Aluno (A): Duas!
> PA: E por que será? Eu não sei por que tem duas palavras BOI...
> A: Eu sei! Eu sei! [mas esta criança não fala, não é questionada e esta discussão não prossegue].

Registros de observações feitas em outra aula, ministrada para mesma turma:

> PA: Quando as letras se juntam formam palavrinhas. Aqui temos 5 palavrinhas: BA – BE – BI – BO – BU. Vamos ver na atividade. Veja a BOLA [Lousa: __ LA]. Qual (sílaba) temos que colocar aqui? Começa com o quê?
> A: Com B.
> PA: Mas o B com qual vogal? Vamos ver? [Algumas crianças dizem BU, outras BO, parecem não compreender...]. Com o BA, fica BALA, está certo? Olha a minha boca. Com o BE, fica BELA, é isso que queremos? [assim prossegue testando as sílabas até chegar em BO de BOLA].
> Neste momento, um menino vira-se para trás e pergunta para o outro: "o que é para fazer?" [mostrando-se um pouco perdido]. Outro se levanta preocupado e começa a conferir as atividades dos colegas, dizendo: "tá certo, tá certo... tá errado!". A professora vai até o fundo da sala para chamar a atenção de um aluno que copiava de outro, dizendo que, se ele tem dúvidas, deve chamá-la. Outro menino se levanta e vai perguntar para uma colega se está certo, a colega responde: "não sei, você que tem que ver!".

Estes registros suscitam diversas reflexões sobre a interação das crianças com a escrita como o objeto de ensino e aprendizado, cujo foco incide na silabação. Inicialmente, destaca-se a inserção, na aula, do texto folclórico conhecido (que acaba ficando em segundo plano) para a introdução da família silábica, mas isso mostra-se insuficiente para prover sentido para a lição. Como, no caso, as sílabas ficam desprovidas de sentido, pelo menos para parte das crianças, estas não contam com outros referenciais para a identificação de cada sílaba e ficam perguntando umas para as outras se acertaram ou não. Um aluno coloca-se no lugar do professor e confere as lições dos colegas, outro copia a resposta dada pelo colega e um terceiro pergunta para outra criança se respondeu corretamente ou não, e tem como resposta "não sei, você que tem que ver!". Mas o menino não dispõe de outros meios para conferir a sua resposta.

Os professores recorrem a diferentes argumentos para justificar o ensino pela silabação; apresentam alegações que vão desde a obrigatoriedade imposta pelo sistema escolar até justificativas pedagógicas. Uma alfabetizadora fez a seguinte observação para explicar a não aplicação da proposta construtivista: "Não tem uma ordem certa para ensinar. A professora fica perdida e os alunos acabam não aprendendo nada, não sabem muitas vezes nem distinguir a letra 'b' da 'd'." E conclui:

> Depois de vários anos alfabetizando, prefiro continuar trabalhando com as famílias silábicas, uma vez que assim tenho ideia de onde vou chegar, enquanto muitas professoras se perdem no construtivismo e acabam não ensinando nada aos seus alunos. (Micotti, 2000)

Em manifestações como esta, que, aliás, são comuns nos ambientes escolares, encontra-se claramente expresso o conflito que se estabelece entre a intenção de ensinar o código alfabético, o objeto de estudo privilegiado no ensino tradicional, e o trabalho com as práticas culturais de leitura e escrita, mediante as quais as crianças constroem seus conhecimentos, segundo a psicogênese da escrita. As grandes diferenças entre as propostas pedagógicas interacionistas e o ensino tradicional ajudam a entender as resistências à mudança didática por parcelas do professorado.

Diversas manifestações que indicam o apego, sem maiores reflexões, ao ensino tradicional, também revelam as decorrências do desconhecimento das possibilidades de trabalho segundo outras perspectivas teóricas.

O construtivismo

A proposta construtivista privilegia no ensino as práticas culturais de leitura e de escrita que a criança vivencia em seu dia a dia, na escola ou fora dela. Não se preocupa com aquisições pontuais, mas com a apropriação de experiências amplas, do jeito que as crianças as vivenciam e entendem. Esta proposta ganhou destaque com as pesquisas de processo muito complexo que descreveram Ferreiro e Teberosky (1989) sobre a psicogênese da escrita, distinguindo, neste processo, as fases pré-silábica, silábica, silábica alfabética e alfabética. A identificação dessas fases mostra o processo de elaboração da escrita alfabética por parte das crianças.

Sobre o construtivismo, Pozo (2002: 48) assinala:

> [...] o conhecimento é sempre uma interação entre a nova informação que nos é apresentada e o que sabíamos, e aprender é construir modelos para interpretar a informação que recebemos. [...] o construtivismo se aproxima das posições empiristas, já que se aprende com a experiência, se distancia radicalmente delas ao defender que essa aprendizagem é sempre uma construção e não uma mera réplica da realidade.

Estas afirmações de Pozo, ao realçarem o dinamismo da construção de conhecimentos, põem em evidência o seu aspecto criativo, que se manifesta com a elaboração pelo sujeito de modelos para interpretar a informação que recebe. Ou seja, não se prendem à visão estática do construtivismo, apenas como inserção da nova informação aos conhecimentos anteriores, mas, ao contrário, acentua os processos pelos quais há a transformação e a reestruturação dos conhecimentos já construídos para adequá-los a novas situações.

O processo de construção social dos papéis de leitores e escritores

A construção de modelos para interpretar a realidade manifesta-se com frequência nas condutas infantis. No início do processo de apropriação da leitura e da escrita, no convívio com materiais escritos e leitores, as crianças não dirigem sua atenção apenas para a observação da escrita propriamente dita. Elas voltam-se espontaneamente para as condutas e relações humanas que integram as situações de leitura e de escrita. Criam sucessivos modelos de condutas de leitores e de escritores e das situações sociais em que essas condutas ocorrem.

As pessoas que com frequência observam as situações de leitura e as interações de crianças pequenas com leitores e textos notam que elas focalizam a situação e a conduta leitora de modo totalizante.

A leitura

Aos 8 meses de idade, Alexandre manifestava atenção quando o pai começava a ler para ele em voz alta livros muito simples de literatura infantil. A situação repetia-se com frequência, e o bebê deixava de fazer outras coisas ao ouvir a leitura feita pelo pai.

Gabi, aos 23 meses de idade, recebeu um livro de literatura infantil com capa e ilustrações coloridas; ficou muito contente, pois já tinha familiaridade com livros. A mãe apressou-se em ler o texto para a criança com tons de voz que considerava adequados. Após alguns minutos a pequena pegou o livro em suas próprias mãos e deu continuidade à "leitura", emitindo sonoridades – uma longa lalação imitando a leitura oral que a mãe fizera. Esta ficou aborrecida e queixou-se da falta de atenção da menina; não percebeu que ela imitava sua própria conduta leitora.

Desta observação é possível depreender que Gabi não se prendeu à leitura propriamente dita, mas ao papel desempenhado pelo leitor que, em seguida, reproduziu a seu modo.

Neste episódio, chama a atenção a diferença entre os sentidos que a criança e a mãe atribuíram à situação e ao comportamento leitor.

A mãe, uma pessoa adulta com nível de escolaridade superior, lê o texto de acordo com os parâmetros sociais atribuídos à leitura oral, de modo convencional, e espera que a filha tenha o comportamento social correspondente ao do ouvinte, acompanhando com atenção a sua leitura oral. Mas a criança atribui outro sentido à situação; interpreta o comportamento leitor no que há de mais aparente, isto é, de acordo com o modelo de leitura que elaborou. A menina segura, olha e vira as páginas do livro emitindo sons, sem se importar se estes formam ou não palavras e muito menos um texto coerente. Suas condutas mostram, com frequência, a apropriação de aspectos gerais de práticas sociais de leitura.

Gradativamente, a menina passou a voltar sua atenção para a escrita. Como o pai, ao ler para ela, apontava com o dedo a linha do texto em que estava lendo, deslocando-o de acordo com o ritmo da leitura, ela passou a fazer o mesmo ao "ler". Aos poucos, modificou sua conduta leitora. Passou a ficar mais atenta ao que ouvia quando os adultos liam para ela. Em suas leituras, espontaneamente, reproduzia o comportamento leitor, inventando uma história sobre os mesmos personagens ou sobre outros que criava, caracterizando-os com adjetivos e atribuindo-lhes a realização de ações, em um texto oral que elaborava e sussurrava, olhando e apontando o escrito. Esses comportamentos foram evoluindo; ela começou a iniciar as suas leituras dizendo "Era uma vez...". Olhando para os textos, verbalizava trechos de histórias, memorizados ou inventados; antes de fechar o livro concluía: "E foram felizes para sempre".

Quanto à escrita, suas condutas mostravam, com frequência, a apropriação de aspectos gerais de práticas sociais. Aos 3 anos e 7 meses, enquanto brincava, colocou pequenos adesivos na parede no formato de uma lista. Advertida, justificou o procedimento, explicando que sua professora disse ser necessário colocar o nome de todos os alunos na parede. Neste caso, a escrita foi substituída por figurinhas, mas foi mantida a representação da situação social e o formato da lista.

Podemos ver que ela se apropriou da situação vivida na escola maternal, criou um modelo e representou a situação e a escrita dos nomes, colocando os adesivos e formando uma coluna, como acontecia nas aulas das quais participava.

Hoje Gabi, aluna do primeiro ano do ensino fundamental, lê livros e revistas em voz alta; às vezes, murmura, outras, lê silenciosamente; manifesta compreensão de suas leituras. Às vezes, lê para a irmã menor.

Carol, desde muito pequena apresenta grande atração por materiais impressos. Gosta muito de ouvir a leitura do conto "Chapeuzinho vermelho" de Charles Perrault (2007). Cada vez que nos encontramos, ela solicita a leitura "do livro do *obo* mau".

Aos 2 anos e 10 meses a menina ficava bem próxima do leitor para ouvir a história, observando atentamente cada página, mas seu interesse voltava-se mais para as ilustrações. Chamava a atenção para elas, fazia perguntas, solicitava e comentava o que via, perguntava do que se tratava cada desenho, pedindo confirmação de suas afirmações etc. Manifestava mais interesse em ouvir uma narrativa resumida do que pela leitura oral propriamente dita, que interrompia com seus comentários e perguntas.

Hoje, aos 3 anos e 5 meses, continua a fazer seus comentários sobre os personagens e as ilustrações, mas eles tornam-se menos frequentes. A menina começa a dar mais atenção para a leitura de textos longos; manifesta interesse pelos detalhes das descrições dos personagens, pela compreensão das situações e pelos acontecimentos. Se solicitada, observa a escrita de palavras e expressões contidas no texto.

O desenrolar dessas situações revela que os modelos criados pelas crianças para as interações com os textos escritos e para a própria leitura vão se tornando mais precisos – o enfoque mais geral da situação social e da conduta leitora torna-se, pouco a pouco, mais pormenorizado, aproximando-se da leitura convencional. A apropriação das práticas sociais e do sistema de escrita convencional faz parte da evolução dos conhecimentos infantis, mas nem sempre os identificamos em suas manifestações. No ambiente escolar, o ensino, geralmente, vai direto às correspondências entre sons e grafias. Isso interfere na construção de conhecimentos sobre escrita, como podemos observar na sequência de grafias apresentadas a seguir.

A escrita

Por volta dos 3 anos de idade, Marina substituiu por traçados horizontais contínuos o emaranhado de linhas que se estendia em todas as direções e servia para escrever quaisquer frases ou palavras.

Assim, fez as grafias apresentadas na figura 1, e leu: "mamãe", "papai" e "Adrianinho" (que é o nome do irmão). Após escrever, justificou, apontando a grafia menor: "este é menor porque meu irmão é muito pequeno; o papai e a mamãe são grandes".

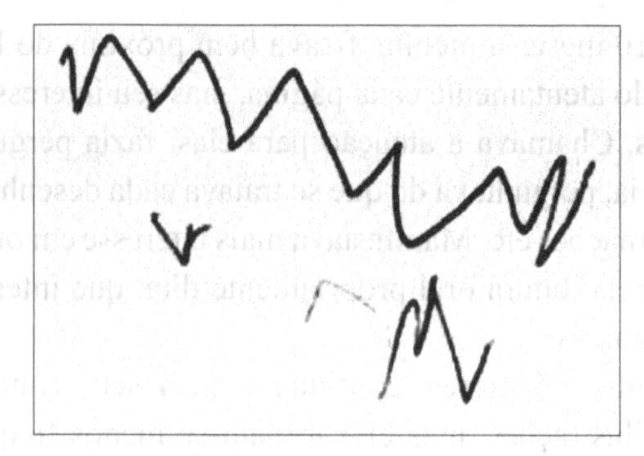

Figura1 - Grafias feitas aos 3 anos de idade

Marina considerava sua escrita como válida para todos. Enquanto registrávamos sua leitura, ela perguntou: "O que você está fazendo?". Ao ouvir a resposta disse: "Isso eu já escrevi". Marina aprendeu a reconhecer e nomear as letras e passou a incluí-las em suas escritas, como revelam os traçados apresentados nas figuras 2 e 3.

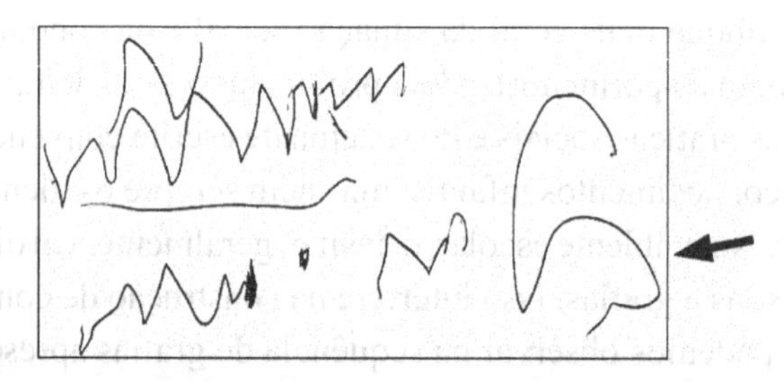

Figura 2 – Produção escrita

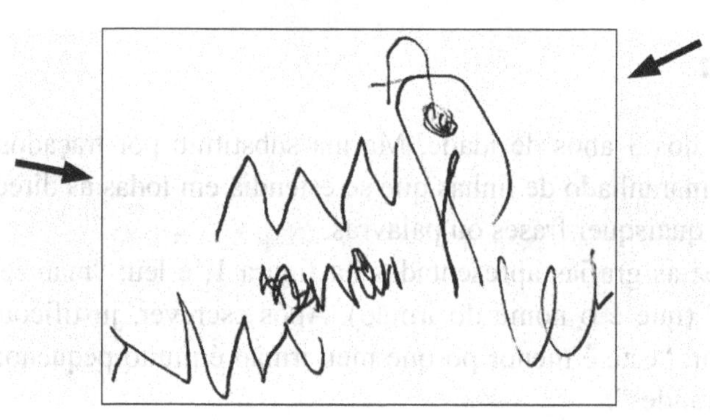

Figura 3 – Presença de letras na escrita infantil

A menina aponta o traçado à direita (figura 2) e diz: "Esta letra é 'agá', a letra de 'homem'" (referindo-se à grafia da palavra). Em seguida diz: "Aqui [figura 3] é 'm' de Marina e 'p' de papai".

Aos 4 anos e 3 meses, após esta fase em que ao escrever misturava letras e traçados horizontais, começou a grafar algumas letras invertidas. Ela queria escrever apenas com letras e ao perceber que não conseguia, em vez de escrever, queria desenhar, mudar a conversa, misturar letras (algumas invertidas) com desenhos.

O uso arbitrário das letras também pode ocorrer na escrita das crianças com mais idade, pois a idade por si só não assegura evolução do processo de apropriação da escrita. Na figura 4 encontramos a produção textual de uma criança aos 6 anos de idade. Nela destacam-se a utilização arbitrária das letras e a disposição das marcas gráficas no formato de um texto. O registro da produção oral mostra coerência do texto produzido com base nas figuras.

Cabe assinalar que as abordagens totalizantes da situação de leitura também ocorrem na construção da escrita, como mostra a figura 4 a seguir.

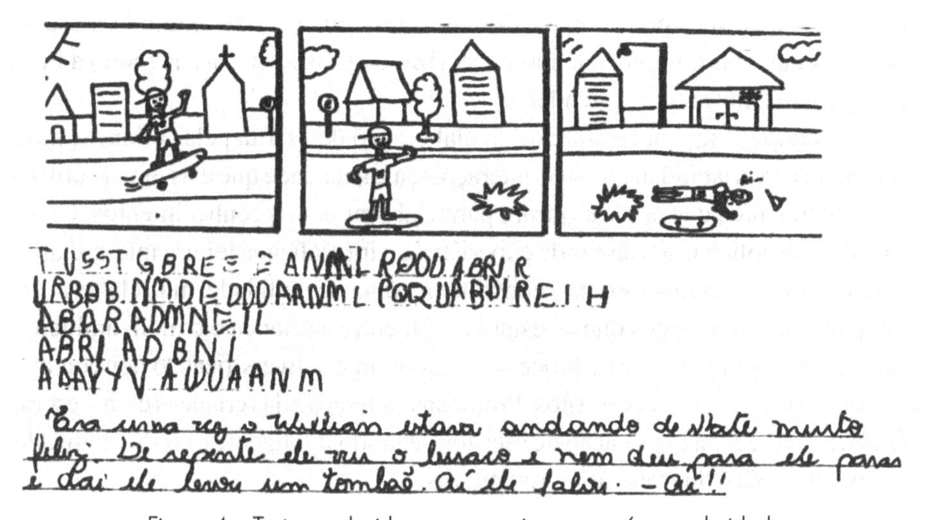

Figura 4 – Texto produzido por uma criança aos 6 anos de idade

A observação da figura revela que a criança já elaborou um modelo da estrutura do texto narrativo em língua oral e da silhueta do texto escrito, apesar de ainda apresentar escrita arbitrária, utilizando as letras de modo distante do convencional.

Essa produção contém mais detalhes e organização que a escrita apresentada a seguir, referente à mesma sequência de imagens. O texto, de outra criança da mesma faixa etária, mostra como as crianças diferem quanto ao desenvolvimento da escrita.

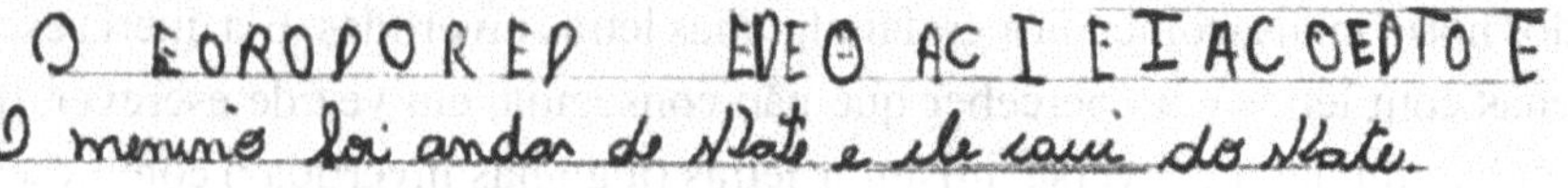

O EOROPOREP EDEO AC I EIACOEPTOE

O menino foi andar de skate e ele caiu do skate.

Figura 5 – Produção textual com escrita arbitrária

A comparação desta produção com a apresentada na figura 4 revela a multiplicidade de conhecimentos implícitos na construção da escrita – ambos os desempenhos mostram a falta de acesso ao código alfabético, pois as letras são utilizadas aleatoriamente, mas, além disso, as produções textuais diferem em sua representação gráfica.

Como vimos, a construção da escrita constitui processo complexo que requer apoio e compreensão de todos os adultos que convivem com as crianças, sobretudo dos professores. Eles podem apoiá-las em seus esforços, não exigindo a escrita convencional, mas compreendendo e valorizando suas respostas de modo a fazer com que não desistam de aprender.

Os exemplos aqui apresentados da elaboração da escrita pelas crianças mostram, além da variabilidade de suas interações, a capacidade que elas têm de utilizar os conhecimentos que já construíram para elaborar novos conhecimentos. Criam modelos que aplicam aos dados da experiência para realizar a leitura interpretativa desses dados. Estes modelos não constituem cópia da realidade, mas elaborações resultantes das interações que se estabelecem entre a criança e o meio ambiente. Para o desenvolvimento deste processo é importante a diversificação dos contatos das crianças com materiais escritos. Propiciar a interação das crianças com a escrita significa favorecer a exploração de escritos de modo inteligente e contextualizado, não exigir cópias "mecânicas" e repetitivas.

A tendência construtivista: algumas práticas

Os relatos de observações de comportamentos infantis, na perspectiva de sua evolução, desencadeiam entre os professores questionamentos sobre o tratamento pedagógico a ser dado à evolução da escrita em situações de ensino coletivo. Ressaltamos que as observações, realizadas em pesquisas sobre o comportamento leitor, apesar de focalizarem o desempenho individual, revelam condutas comuns entre as crianças que convivem com a escrita e com pessoas que a praticam (por necessidade ou prazer).

Por vezes, algumas pessoas contrapõem-se ao construtivismo como proposta pedagógica. Seus argumentos acentuam aspectos da organização escolar, referentes ao tempo disponível para realizar o processo de alfabetização e ao trabalho coletivo que realizam em sala de aula. Sobre o processo evolutivo, teoricamente descrito em termos individuais, ressaltam as peculiaridades e o ritmo de cada aluno, destacando o descompasso entre o tempo da criança para construir seus conhecimentos e o tempo da escola para cumprir determinadas etapas, atendendo à organização curricular. Em seus argumentos apontam a dificuldade de esperar a evolução dessa construção por parte de cada um de seus alunos, considerando a dificuldade para atender às diferenças individuais.

As manifestações dos professores sobre suas práticas pedagógicas e sobre o aprendizado do ensino revelam que elas não consideram fácil integrar as condutas infantis no ensino inicial da leitura e da escrita. Ao discorrerem sobre suas experiências iniciais com a alfabetização e sobre as suas práticas por ocasião da introdução do construtivismo nas escolas públicas paulistas, algumas professoras assinalam essa dificuldade. Ao comparar os saberes da alfabetizadora experiente com os da principiante, uma professora menciona alguns aspectos do fazer docente, importantes para os resultados do ensino, que marcam a experiência vivida em sala de aula. Dentre esses aspectos destacam-se: a evolução dos próprios conhecimentos sobre as reações das crianças, o reconhecimento da possibilidade de aprender com os alunos e da necessidade de respeitar os seus percursos no processo de aprendizagem. Menciona, também, que no início do ensino baseava-se mais nas experiências da professora e depois desenvolveu o aprendizado de considerar mais as crianças no processo de alfabetização (Micotti, 2004).

Essas afirmações da professora pontuam a inserção do respeito aos interesses das crianças nas aulas, para aproximar o ensino do aprendizado de seus alunos.

Considerar as crianças no processo de ensino é, entre outras coisas, inserir no trabalho docente os pontos de vista infantis sobre o objeto de estudo, no caso a escrita, o que equivale à integração pelo professor dos percursos que as crianças realizam ao interagirem com o objeto de estudo e para compreenderem as situações didáticas no decorrer das aulas.

Vejamos como isso pode acontecer na prática dos professores.

Um projeto foi realizado com alunos de classes de alfabetização, por decisão das crianças com a professora, intitulado "Sorvete". No planejamento inicial foi decidido que cada aluno traria de casa uma receita para que pudessem escolher as melhores opções para fazerem os sorvetes. O diálogo a seguir apresentado refere-se à leitura de uma receita trazida por um aluno do primeiro ano do ensino fundamental, sobre o qual Bernardes (2011: 57-8) assinala:

> O questionamento de texto foi feito por um aluno que estava se apropriando do código alfabético. A receita escolhida por esse aluno foi tirada de uma revista. Em alguns momentos ele recorre a conhecimentos anteriores, sobre esse tipo de texto.
>
> Bolo de sorvete
> Professora: Que texto é esse?
> Aluno: É uma receita
> Professora: Que receita?
> Aluno: De bolo de sorvete
> Professora: Como sabe?
> O aluno apontou para o título
> Professora: O que vai nessa receita?
> Aluno: Massa
> Professora: Como sabe?
> Aluno: É bolo de sorvete, vai a massa
> Professora: Aponte para mim onde estão escritos os ingredientes.
> O aluno apontou os ingredientes, tanto da massa, como os do recheio, que estavam localizados em lugares diferentes, no texto.
> Professora: Como sabe que está escrito ingredientes?
> Aluno: Por que está escrito chá? (referiu-se à medida)
> Professora: O que você acha que está escrito aqui? (apontei para a palavra ingredientes)
> Aluno: Está escrito massa.
> Professora: O que vai na massa?
> Aluno: Vai 4 ovos, 1 xícara de chá de água (ao invés da palavra água, estava escrito açúcar), 4 colheres de sopa de água fervida (estava escrito fervente)
> (Apontei a palavra açúcar e fiz uma pergunta)
> Professora: Você disse que aqui está escrito a palavra água e nessa (água fervida) também. Em qual das duas palavras está escrito água?
> Aluno: Esse é o g e o u?
> Professora: E como fica?
> Aluno: Gu. É igual o meu nome.
> O aluno leu a palavra: Água.
> Professora: Qual é o último ingrediente?

Aluno: Acho que é farinha de trigo
Professora: E como sabe?
Aluno: Não pode fazer bolo sem farinha (o aluno recorreu a seus conhecimentos prévios)
Professora: E no recheio, o que vai?
Aluno: Aqui está escrito Jô. No projeto do jogo da trilha eu aprendi o "Jô" de jogo [sistematização de outro projeto]
Aluno: É um tijolo. Vai tijolo no sorvete?
Professora: Termine a leitura
Aluno: Um tijolo de morango
Professora: Está faltando essa palavra (a professora apontou para a palavra sorvete)
Aluno: É sorvete de morango. Um tijolo de sorvete de morango.
Aluno: Não entendi o que é tijolo de sorvete.
O aluno terminou a leitura dos ingredientes. A professora explicou o porquê da palavra tijolo.
Aluno: A minha receita tá escrita com letra minúscula e no seu papel está com letra de mão.
Aluno: Aqui está escrito como faz (referiu-se ao modo de fazer)
Assim que as leituras foram feitas, propus aos alunos que expusessem aos colegas as suas receitas, para que pudessem na etapa seguinte escolher os sorvetes que acreditavam ser mais saborosos.

A respeito dessa leitura individual, feita com ajuda da professora, cabe ressaltar a necessidade e importância de sua realização. Cada criança trouxe uma receita de sorvete, colaborando com o desenvolvimento do projeto coletivo, cuja realização pressupõe a leitura cuidadosa do texto. Entre as finalidades dessa leitura da receita, que cada um dos alunos fez com o auxílio da professora, destaca-se a interação entre a professora, os alunos e os textos. Estes são compartilhados por todos, considerando a escolha das receitas que seriam efetivamente preparadas, além, é claro, do aluno se colocar no lugar de leitor de um texto contextualizado em situação real de leitura com objetivos específicos.

O trabalho de exploração de texto geralmente é feito com a participação de todos os alunos da turma, como é possível verificar na transcrição de registros das interações de alunos de pré III com a fábula de Esopo "O leão e o rato" apresentada por Farinaccio (2000: 97-8).

A professora entregou para cada criança uma cópia do texto (no caso, sem ilustração), leu o título em voz alta – O leão e o rato – e perguntou:
– Sobre o que vocês acham que vai falar?
– O leão vai perseguir o rato. (aluno)

– Ele vai comer ele. (aluno)
– Ou vai ficar amigo do ratinho. (aluno)
– Ele vai achar o rato e vão ser amigos. (aluno)

Leitura silenciosa feita pelas crianças
– De onde vocês acham que tirei esta história? (professora)
– De um livro. (aluno)
– E quem escreveu? (professora)
– Fábula. (aluno)
– Fábula não é nome de autor. Quem sabe o que é fábula? (professora)
– É uma fábrica. (aluno)
– É uma história. (aluno)
– Fábula é uma história sim, curtinha. Sempre na fábula aparecem animais.
– Quem são os animais dessa Fábula? (professora).
– O leão e o rato. (aluno)
– E a pata. (o aluno reconheceu a palavra escrita)
– Mas essa não é pata, essa aí é pata de leão e de rato. (aluno)
– Pata é mão, mas não como de gente. (aluno)

Aqui temos a interação coletiva das crianças com o texto; situação em que há a formulação de hipóteses, o encaminhamento da busca do sentido do texto, a colaboração entre os participantes com o confronto entre pontos de vista, a argumentação para justificar as afirmações etc. Enfim a utilização dos conhecimentos de que cada um dispõe para a construção coletiva da leitura.

Sobre as interações das crianças com a escrita como objeto de estudo, com certa frequência ocorrem as práticas docentes que misturam atividades, orientadas por diferentes tendências teóricas, sem considerar os fins a que as atividades se destinam, sem maiores cuidados com a continuidade do trabalho realizado em sala de aula. A falta de clareza quanto às razões que justificam a realização de determinados trabalhos e a utilização de procedimentos conflitantes nas aulas podem explicar, pelo menos em parte, o não domínio das competências básicas de leitura e de escrita por alunos que avançam na realização do ensino fundamental sem saberem ler e escrever.

Referências

BERNARDES, B. *O processo de leitura e a construção da escrita no primeiro ano do ensino fundamental.* Rio Claro, 2011. Trabalho de Conclusão de Curso para obtenção do grau de Licenciado em Pedagogia – Instituto de Biociências, Universidade Estadual Paulista.

FARINACCIO, M. Leitura e educação infantil: uma abordagem construtivista. In: MICOTTI, M. C. de O. *Alfabetização*: o trabalho em sala de aula. Rio Claro: Instituto de Biociências de Rio Claro – Unesp, 2000.

FERREIRO, E.; TEBEROSKY, A. *Psicogênese da língua escrita.* Porto Alegre: Artes Médicas, 1989.

GUILHERME, F. R. O. *Alfabetização:* dinâmicas das práticas didáticas e as interações das crianças com a linguagem escrita. Rio Claro, 2011. Dissertação (Mestrado em Educação) – Instituto de Biociências, Unesp.

HOLEINONE, P. O leão e o rato. In: *O cofre mágico de contos e lendas*. Montreal: Edições Tormont, s.d.

MICOTTI, M. C. de O. A construção de conhecimentos e as práticas pedagógicas. In: *Alfabetização*: o trabalho em sala de aula. Rio Claro: Instituto de Biociências de Rio Claro – Unesp, 2000.

________. Alfabetização o aprendizado do ensino. In: *Alfabetização*: os caminhos da prática e a formação de professores. Rio Claro: Instituto de Biociências de Rio Claro – Unesp, 2004.

PERRAULT, C. Chapeuzinho vermelho. In: *Minha primeira biblioteca Larousse*: contos de fada, v.3. Trad. Eduardo Brandão. São Paulo: Larousse do Brasil, 2007.

POZO, J. I. *Aprendizes e mestres*: a nova cultura da aprendizagem. Porto Alegre: Artmed, 2002.

A alfabetização e a pedagogia por projetos

Neste texto focalizamos as contribuições que a pedagogia por projetos, proposta por Josette Jolibert e colaboradores, pode proporcionar para a solução de graves problemas que afetam a educação escolar em nosso país, sobretudo no tocante à aprendizagem inicial da leitura e da escrita. Sem pretender esgotar o assunto, trazemos alguns aspectos desta proposta que consideramos relevantes para o trabalho didático referente ao ensino e ao aprendizado da linguagem escrita.

Em nosso sistema de ensino, o processo de democratização do acesso à leitura e à escrita situa-se num contexto marcado pela necessidade histórica de reorganizar o trabalho escolar, especialmente na educação básica, de modo a:

- dinamizar o ensino tornando-o mais adequado às expectativas sociais relativas à escolaridade;
- tornar o cotidiano de professores e alunos mais voltado para o aprendizado;
- incluir na atuação escolar a participação dos alunos como sujeitos do aprendizado para propiciar a todos o acesso aos saberes;
- democratizar as interações com os objetos de estudo, permitindo as divergências de pontos de vista, desenvolvendo o processo de reflexão interativa, de modo que o acesso ao ensino não se reduza à possibilidade de matrícula;
- possibilitar a convivência escolar com a compreensão e a aceitação de todas as crianças;
- considerar os familiares dos alunos como parceiros do desenvolvimento do processo educacional;
- transformar e desenvolver o diálogo entre professores, alunos, equipe gestora, pais e funcionários, onde as relações sociais horizontais predominem, sem privilégios ou preconceitos de qualquer espécie.

Estes são alguns dentre os vários desafios que a vida atual coloca para a educação escolar, em especial para sua realização nas escolas públicas. A pedagogia por projetos vem ao encontro desses desafios, colocando-se como alternativa de trabalho a ser mais explorada na realização do ensino.

O trabalho pedagógico na educação básica

A reestruturação do trabalho pedagógico na educação básica é exigida pelas modificações legais relativas à educação infantil e ao ensino fundamental, cuja duração foi ampliada para nove anos. Hoje a educação básica abrange a educação infantil, que se estende até os 5 anos de idade, incluindo o atendimento em creche até a idade de 3 anos, na pré-escola dos 4 aos 5 anos e o ensino fundamental, cujos anos iniciais estendem-se dos 6 aos 10 e os finais, dos 11 aos 14 anos de idade.

As mudanças anteriormente apresentadas, que se inserem no processo de democratização da educação escolar no Brasil, colocam às instituições educacionais a necessidade de buscar soluções para os diversos problemas que afetam o ensino e a aprendizagem, sobretudo nos três anos iniciais da escola fundamental, dedicados, sobretudo, ao processo de alfabetização.

A pedagogia dos projetos propicia novas perspectivas para o tratamento de problemas educacionais crônicos, dentre os quais:

- a questão da falta de sentido que o trabalho escolar assume para muitos alunos e professores;
- os insucessos no aprendizado da leitura e da escrita;
- a descontinuidade do ensino da leitura e da escrita;
- a dificuldade para incluir nas aulas a atuação de alunos que "não acompanham" o tradicional ensino padronizado.

A pedagogia por projetos, ao possibilitar novos olhares para esses problemas, viabiliza o desenvolvimento de atuações pedagógicas que visam:

- a inserção das expectativas dos estudantes nas decisões sobre o trabalho a ser feito nas aulas;
- a inclusão da leitura e da escrita como vivências de todos os integrantes do grupo instrucional;

– a interação com a escrita por parte de alunos de qualquer nível de escolaridade e desempenho;
– o desenvolvimento de estratégias voltadas para a continuidade do aprendizado da leitura, da escrita e das primeiras letras.

Diante dessas afirmações, alguns professores indagam: "Mas, na realidade, tudo isso funciona?", "Como acontece na prática?". As respostas para estas questões requerem, em primeiro lugar, esclarecimentos sobre a pedagogia por projetos.

A proposta pedagógica de Jolibert e colaboradores

Ao focalizar o conceito de pedagogia por projetos que adota, Jolibert (2009: 18-24) traz, inicialmente, o que não considera como projetos e esclarece algumas interpretações equivocadas com várias afirmações, dentre as quais destacamos as seguintes:

– A pedagogia por projetos não é um simples "modismo pedagógico". Ela corresponde, historicamente, a uma verdadeira mutação da representação das crianças e de suas potencialidades que se produziu no campo das ciências humanas no decorrer das últimas décadas.
– A pedagogia por projetos não é uma simples atividade lúdica proposta aos alunos uma vez a cada trimestre além ou à margem das atividades escolares normais. [...] é uma estratégia permanente de formação rigorosa e exigente.
– Outra especificação importante: *a pedagogia por projetos não é uma Pedagogia por Temas.* [...]
– Na pedagogia por projetos, a grande diferença é que *são as crianças* que propõem, decidem, põem em prática e avaliam os projetos que desejam realizar e as tarefas que estes envolvem. Aqui, o objeto de cada projeto é uma ação, uma realização e, juntamente com o professor, as crianças identificam as aprendizagens já efetuadas sobre as quais vão poder se apoiar e aquelas que ainda necessitam realizar para concretizar o projeto.
– Enfim, a pedagogia por projetos não é a aplicação passiva em uma classe de projetos institucionais elaborados fora desta classe [...]

É cada grupo de seres humanos (aqui cada classe) que no decorrer de sua vida cotidiana analisa seus desejos, suas necessidades e seus recursos para planejar e avaliar seus projetos.

Estas afirmações revelam diferenças significativas entre a didática tradicional (ainda comum em nossas escolas) e a pedagogia por projetos, desenvolvida desde 1987 e 1988 por Josette Jolibert e um grupo de professores das escolas de Ecouen e de outras cidades da França e, posteriormente, em escolas de diversos países da América Latina, dentre os quais o Brasil. Destacamos particularmente o Projeto Raios de Sol, cujas práticas têm apresentado resultados muito positivos. Este projeto, que é vinculado à Red Latinoamericana para Transformación de la Formación Docente en Lenguaje, congrega interessados na melhoria do ensino e em mudanças das práticas pedagógicas, professoras de escolas públicas de educação básica de Rio Claro e de cidades da região, professoras e pós-graduandas em Educação e graduandas do curso de Pedagogia do Instituto de Biociências de Rio Claro – Unesp.

O ensino orientado pela pedagogia por projetos envolve

> estratégia permanente de formação rigorosa e exigente mediante mutação da representação das crianças, embasada cientificamente, em que os projetos têm por objeto ações e realizações de trabalhos individuais e coletivos, decididos pelos participantes cujos resultados são compartilhados com os demais colegas, com os familiares, com a comunidade etc.

O desenvolvimento dos projetos possibilita a todos – alunos e professores – vivências como sujeitos que planejam, realizam e avaliam a própria atuação, aprendendo a buscar caminhos para transformar suas intenções em realidades. Nesse processo insere-se o aprendizado, pois é preciso agir para fazer acontecer e para agir é preciso aprender, não esporadicamente, mas de modo sistematizado – "juntamente com o professor, as crianças identificam as aprendizagens já efetuadas sobre as quais vão poder se apoiar e aquelas que ainda necessitam realizar para concretizar o projeto" (Jolibert, 2009:18-24).

Delineia-se, assim, a contribuição que essa proposta pedagógica pode trazer para solucionar diversos problemas que marcam nossa educação escolar. Sua aplicação pode e tem transformado o cotidiano de professores e alunos em diferentes escolas, modificando o ensino e tornando-o mais dinâmico. Seus resultados são bastante positivos, transformando em realidade as expectativas de familiares e alunos relativas à escola como local de aprendizado.

Esta pedagogia inclui no trabalho escolar a participação de todos como sujeitos do aprendizado e assim possibilita um acesso mais fácil aos conhecimentos sistematizados pela humanidade ao longo de sua história. Democratiza as interações dos estudantes ao colocar os alunos em contato direto com os objetos de estudo, como por exemplo os textos, o que permite acolher as divergências entre os pontos de vista diferentes para a análise e a trocas de ideias, desenvolvendo um processo de reflexão interativa. Ao acolher a participação de todos, evita-se que o direito à educação se reduza à possibilidade de matrícula e a um lugar nos bancos escolares.

O exposto permite entender o porquê da diferenciação entre pedagogia por projetos e pedagogia por temas. Em nossas escolas, a palavra "projeto" tem recebido diferentes interpretações, sendo com frequência aplicada ao ensino por unidades didáticas ou a estudos temáticos, realizados de acordo com o ensino padronizado. Nesta abordagem, os temas são selecionados sem qualquer participação dos professores e alunos a que se destinam, contendo descrições pormenorizadas em exercícios, previamente preparados, impressos em livros didáticos ou apostilas que, geralmente, fazem parte de um pacote "pedagógico".

A interpretação de projeto como ensino por temas é bastante comum e faz parte da tendência de realizar o ensino de acordo com a didática tradicional. Um enfoque diverso é dado aos projetos de cunho emancipacionista cuja orientação marca a proposta por Jolibert.

É importante lembrar que Huber (1999: 22) assinala que a palavra "projeto" é proveniente do latim *projectum*, particípio passado do verbo *projicere* – projetar – e inclui as noções de desejo, intenção de fazer ou realizar (algo) no futuro, plano, ideia mais ou menos elaborada de uma coisa que se propõe a realizar. A efetivação de um projeto é regida por um esquema de ação; ativa os esquemas que o indivíduo já dispõe e a elaboração de novos modos de pensar e de agir, em um processo de construção em que as interações sociais desempenham importante papel.

Neste contexto menciona a contribuição de Paulo Freire e sua crítica à concepção bancária de educação voltada para a adaptação e o ajustamento sociais. Menciona também *Le grain*, o movimento belga que se desenvolve com a opção pedagógica de projeto como instrumento de liberação de grupos dominados. O autor destaca, na contribuição de Freire, o caminho para o reencontro do ato pedagógico com o real.

A contribuição de Huber para elucidação do que seja a pedagogia por projetos acentua a sua fundamentação científica, realçando a perspectiva psicológica e o desenvolvimento cognitivo, além de suas implicações educacionais, sociológicas e políticas.

O enfoque da pedagogia por projetos, coerente com seus fundamentos teóricos, envolve práticas inseridas em contextos reais, ou seja, realizações de intenções. Os projetos não consistem, portanto, em atividades que têm significado apenas para os professores no âmbito dos programas de ensino, mas em realizações que vão muito além do cumprimento de obrigações escolares, privilegiando o sentido que o trabalho feito nas aulas assume para os estudantes.

A escola deixa de ser um mundo "fora da realidade" para constituir-se em encontro de subjetividades que, mediante planos elaborados e executados em conjunto, realizam intenções coletivamente propostas nas quais também se inserem as intenções individuais.

Esse processo, que envolve elaborações de representações do vivido dentro e fora da instituição, ajuda os participantes a identificar e a interpretar os vários aspectos da realidade, ou seja, a vida fora da escola, o que contribui para a maior compreensão dessa realidade por parte de todos os envolvidos.

Sobre a pedagogia por projetos e o que ela implica, Jolibert (2009: 19-23) assinala:

> A "pedagogia por projetos" apresenta-se como uma estratégia educativa global que consiste a dar SENTIDO a todas as horas que os aprendizes passam na escola, confiando neles e permitindo-lhes propor, decidir, gerir e avaliar os projetos que correspondem aos seus desejos, às suas necessidades e aos recursos materiais ou humanos disponíveis.
> É ao mesmo tempo, e indissociavelmente, a construção das competências de que eles necessitam para executar estes projetos e que correspondem, precisamente, às aprendizagens definidas pelos programas.
> [...]
> De fato, a prática dessa pedagogia inicia-se com uma questão fundamental "O que nós vamos fazer juntos neste ano?"
> Com efeito, desde o dia do reinício das aulas, as crianças dessas classes sentam-se de modo que possam olhar-se no rosto (em vez ficar olhando apenas para a nuca dos colegas, como, geralmente, acontece em outras classes), e seu professor pergunta efetivamente: "Neste ano, o que iremos fazer juntos?" Mais tarde, segundo o contexto, o professor ou um aluno perguntará "O que iremos fazer este mês?" ou "O que faremos esta semana?" ou "O que faremos juntos hoje?".

Dentre estas afirmações, considerando a problemática da educação escolar brasileira na atualidade, destacamos os aspectos pedagógicos referentes ao sentido das vivências escolares para os jovens e as crianças e ao papel atribuído aos estudantes na proposição, nas decisões, no gerenciamento e na avaliação das realizações no âmbito dos projetos. Destacamos, também, a construção de conhecimentos por parte dos estudantes, o cumprimento dos programas que tanto preocupa os professores, a abordagem dada à distribuição dos alunos no espaço da sala de aula.

À falta de sentido que o trabalho escolar hoje assume para muitos alunos, e mesmo para alguns professores, vinculam-se os insucessos escolares, particularmente os referentes ao ensino e ao aprendizado da leitura e da escrita.

Realizar atividades autênticas em que as crianças participem da tomada de decisões sobre os acontecimentos em sala de aula e respeitando os direitos e deveres de cada uma requer reflexões por parte de todos os envolvidos no ensino. Requer o estudo das várias possibilidades de organizar a "vida" dos alunos na escola e na sala de aula durante o ano letivo.

Essa proposta causa estranheza para muitos professores, que perguntam: "Como? Agora os alunos – as crianças – decidem o que faremos nas aulas?" Ocorre que esse processo é coordenado pelo professor, a quem cabe analisar, em conjunto com todos os participantes, a viabilidade e a adequação das propostas apresentadas.

Para a surpresa de muitos, as crianças sabem que vão à escola para aprender e, logo no início do primeiro ano, manifestam o desejo de aprender a ler e a escrever, pois a educação infantil e, em muitos casos, a própria convivência social propiciam o conhecimento das vantagens de saber ler e escrever.

É evidente que nas situações em que as crianças são questionadas a respeito das atividades que gostariam de realizar na escola podem aparecer propostas fantasiosas, como "Queremos saltar de paraquedas" ou "Queremos aprender a dirigir caminhões". Neste caso, é necessário o desenvolvimento de reflexões coletivas sobre a viabilidade dessas intenções e sobre a função que cabe à instituição escolar realizar.

No decorrer dos projetos, para que seus objetivos sejam atingidos, a leitura e a escrita são praticadas, pesquisadas e construídas. As crianças têm oportunidade de ler explorando textos e escrever comunicando-se, grafando suas mensagens. Ainda que, no início, as atividades sejam "imperfeitas", elas melhoram com a prática e com o apoio daquele que ensina, como acontece com as aprendizagens em geral.

Sobre as mudanças implícitas na aplicação desta proposta pedagógica no ensino atual, Jolibert (2009: 22) assinala que se trata de transformar o modo de agir e de pensar o ensino e o aprendizado. Essa transformação envolve mudar as atitudes em relação às crianças, reconhecendo sua capacidade de pensar, decidir, argumentar, agir e avaliar com a incorporação deste enfoque nas situações de ensino e no cotidiano escolar; rever e repensar o conceito de "atividade", distinguindo a atividade intelectual propriamente dita das demais atividades, como a execução de uma tarefa para manter as crianças ocupadas; reconhecer a capacidade de os aprendizes construírem suas aprendizagens em interação com os colegas, com a mediação dos professores em um ambiente de verdadeira vida cooperativa no trabalho escolar. A autora observa que os projetos, ao criarem situações autênticas de comunicação com interlocutores verdadeiros, viabilizam a realização da leitura e da produção de escritos em situações reais.

A leitura e a escrita no âmbito dos projetos

A inserção da leitura e da escrita em situações reais significa que essas atividades são feitas para resolver assuntos da vida em sala de aula, como por exemplo escrever uma carta convidando um jogador do time de futebol da cidade para visitar a escola e conversar com os alunos, redigir o convite para a festa de encerramento do ano letivo ou escrever uma explicação às crianças de outra classe de como se faz um brinquedo.

As crianças exploram jornais e revistas para ter informações, para "saber mais" a respeito de assuntos em que estejam interessadas; leem por prazer ou lazer (poesias, contos de fada, fábulas); leem folhetos e propagandas para saber o preço das coisas que serão compradas para o piquenique que a turma fará na semana das crianças; leem embalagens e bulas para conhecer a composição e a utilidade de alguns produtos; leem instruções para fazer alguma coisa (receitas, fichas técnicas) etc.

Os projetos compõem o plano de trabalho da escola e o plano de ensino, elaborado pela professora com a participação das crianças. Jolibert (1994b: 22) distingue três modalidades de projetos que incluem decisões sobre a vida na escola e na sala de aula:

- os projetos referentes à vida cotidiana;
- os projetos-empreendimentos;
- os projetos de aprendizado.

Os primeiros compreendem decisões como as relativas à utilização do tempo e do espaço escolar, às atividades, às responsabilidades de cada um e de todos e às regras de convivência.

Os projetos-empreendimentos envolvem atividades mais complexas, voltadas para determinadas metas, como a instalação de uma biblioteca na escola, a organização da utilização do pátio ou de uma excursão, de uma exposição ou de uma festa.

Os projetos de aprendizado envolvem o planejamento do trabalho do ano. Os objetivos visados com estes projetos são trabalhados em atividades mais específicas e no decorrer dos projetos empreendimentos e dos relativos à vida cotidiana, quando ocorrem muitas situações em que as crianças precisam ler e escrever para valer. Isto acontece, por exemplo, quando, entre outras coisas, escrevem (depois de ampla discussão) quais são os comportamentos aceitáveis e os que não aceitos em sala de aula e no pátio; quando precisam fazer o cartaz para divulgar a festa junina, escolher as receitas de sorvetes que serão feitos no projeto "Sorvete", ler as letras das músicas que escolheram para cantar na festa de encerramento do ano letivo etc.

É necessário ler e escrever para realizar os projetos que fazem parte do plano da escola, vivenciado por todos os alunos, e para realizar os projetos de cada turma que integram o seu plano de ensino. Assim, as crianças praticarão a leitura e a escrita. Escrevem as regras de comportamento no pátio, na classe, o calendário dos eventos (campeonatos, comemorações, festas etc.), redigem as regras de comportamento na sala de aula, as opções de atividades para o tempo livre na classe (quando terminam o trabalho antes dos outros alunos). Enfim, leem e escrevem para que possam comunicar-se com as pessoas que se encontram dentro e as que se encontram fora do ambiente escolar.

As situações de leitura e de escrita fazem parte dos projetos: assim intensificam-se os interesses por estas atividades. Não se trata, portanto, de ler para o professor ouvir, nem de copiar para preencher a folha do caderno. Trata-se de colocar-se como sujeito pensante, com a finalidade, por exemplo, de descobrir o sentido de um convite entregue por um aluno da turma dos "grandes" para participar de algo: "O que será?".

As crianças aprendem a ler e a escrever praticando a leitura e a escrita

Algumas pessoas consideram essa prática impossível porque entendem que a leitura e a escrita pressupõem o domínio do código alfabético. Algumas professoras, ao iniciarem suas leituras sobre a pedagogia por projetos, resistem à ideia de que as crianças possam aprender a ler e a escrever sem antes cumprirem o tradicional trabalho com letras e sílabas. Como a criança pode conseguir ler em contato direto com textos? Como ela faz para ler sem antes conhecer as famílias silábicas? Enfim, como a criança aprende a ler na pedagogia por projetos?

As professoras, ao fazerem essas indagações, tomam como referência a leitura por decifração oral, no ensino tradicional, realizado com a aplicação dos métodos sintéticos e o aprendizado como associação entre elementos da língua falada e escrita.

O processo de aprender a ler lendo e a escrever escrevendo baseia-se em outra concepção de leitura. Jolibert (1994a: 14-5), fundamentando-se em resultados de pesquisas realizadas nos Estados Unidos e na França, afirma:

> Ler é atribuir sentido a algo escrito. "Diretamente", isto é, sem passar pelo intermédio: nem da decifração (nem letra por letra, sílaba por sílaba, ou palavra por palavra); nem da oralização (nem sequer grupo respiratório por grupo respiratório). Ler é questionar algo escrito como tal a partir de uma expectativa real (necessidade-prazer) numa verdadeira situação de vida.

A respeito deste enfoque, cabe assinalar que nos Parâmetros Curriculares Nacionais de língua portuguesa (PCNs) encontramos as afirmações, a seguir apresentadas, que correspondem a essa maneira de entender o processo leitor:

> A leitura é um processo no qual o leitor realiza um trabalho ativo de construção do significado do texto, a partir de seus objetivos, do seu conhecimento sobre o assunto, sobre o autor, de tudo o que sabe sobre a língua: características do gênero, do portador, do sistema de escrita etc. Não se trata simplesmente de extrair informação da escrita decodificando-a letra por letra, palavra por palavra. Trata-se de uma atividade que implica, necessariamente, compreensão na qual os sentidos começam a ser constituídos antes da leitura propriamente dita. Qualquer leitor experiente que conseguir analisar a sua própria leitura constatará que a decodificação é apenas um dos procedimentos que utiliza quando lê: a leitura fluente envolve uma série de estratégias como seleção, antecipação, inferência e verificação, sem as quais não é possível rapidez e proficiência. É o uso desses procedimentos que possibilita controlar o que vai sendo lido, permitindo tomar decisões diante de dificuldades de compreensão, arriscar-se diante do desconhecido, buscar no texto a comprovação das suposições feitas, etc. (Brasil, 2001: 53-4).

No trabalho pedagógico com a exploração ou interrogação de textos, Jolibert (1994a: 49-50) distingue fases. Inicialmente, é feita a leitura individual e silenciosa em busca do sentido do texto. Em seguida é feita a primeira coleta oral do que as crianças entenderam. Esta coleta não é uma leitura oral como a praticada no ensino tradicional, não ocorre na mesma ordem em que os leitores experientes leem. Pode começar, por exemplo, pelo que foi reconhecido no final do texto. Não se reduz ao levantamento das palavras do texto reconhecidas pelas crianças.

A professora ajuda se houver um elemento importante que as crianças não conseguem identificar. Quando isso acontece, ela lê algumas palavras que os alunos não conseguem abordar e que são importantes para a busca de sentido, apesar de sua escrita ser complexa. Por exemplo, lê palavras como "aniversário" ou "exposição" e não as que têm menos poder de apoio para a construção do sentido do texto (os artigos "a" e "o", por exemplo). O trabalho pode parar quando os "leitores" ficarem satisfeitos em sua busca pelo sentido do texto, isto é, se as crianças entenderem o que procuravam. Mas também pode ocorrer a leitura do texto completo, quando isto for importante para a realização do projeto em andamento, por exemplo, caso se trate de uma receita ou conto.

A respeito da leitura como interrogação de texto, Jolibert (2006: 53-4) assinala:

> Falar em "interrogar" um texto, em vez de apenas "lê-lo" ou "lê-lo de maneira interpretativa", é uma maneira de enfatizar o que agora sabemos sobre o processo da leitura – e de explicitar o que as crianças têm de aprender, desde a educação infantil, para aprender a ler.
>
> Se ler é interrogar um texto em função de um contexto, de um propósito, de um projeto, para dar resposta a uma necessidade, então corresponde a uma interação ativa, curiosa, ávida, direta, entre um leitor e um texto.
>
> No caso das crianças até 4ª série, não se trata de responder a perguntas propostas pelo professor: *são as crianças que interrogam o texto, e não o professor que interroga os alunos.* Em vez de somente identificar as letras e sílabas, trata-se de que elas busquem e coordenem as variadas pistas que um texto oferece para compreendê-lo. Esta busca corresponde a uma atividade muito complexa que necessita tornar-se objeto de aprendizagem.

O papel do professor é auxiliar as crianças em suas descobertas coletivas, dialogando com elas, sistematizando suas descobertas, mostrando suas contradições, solicitando observações de indícios que não consideraram na exploração.

Deste modo, as estratégias de leitura são construídas ao mesmo tempo em que ocorrem as atividades de leitura, e não antes delas. São transversais e aplicam-se a todas as disciplinas; envolvem as operações mentais e as estratégias próprias do tratamento de informações. Não são específicas da leitura, mas nela estão presentes. Ler envolve a identificação de elementos e as relações entre eles, as comparações, as classificações, as seriações, a formulação e verificação de hipóteses etc.

Sobre o assunto vale lembrar a grande preocupação manifestada por uma de nossas colegas no Projeto Raios de Sol com as possibilidades de articulação do estudo de sílabas com a pedagogia por projetos; suas dúvidas resolveram-se com o estudo dos sete níveis de conceitos linguísticos.

Os sete níveis de conceitos linguísticos

Jolibert (1994a: 141-3; 1994b: 18-20; 2006: 201-5) apresenta sete níveis de competências/conhecimentos linguísticos necessários para a leitura e a produção de textos escritos.

Na leitura, estes níveis manifestam-se como indícios vinculados à construção do sentido de um texto e à produção escrita como construção das características de um texto a ser elaborado. Estes níveis não funcionam de modo linear, uma vez que se integram e interagem.

Os três primeiros níveis de conceitos referem-se à contextualização do texto. São eles: a noção de contexto, os principais parâmetros da situação de comunicação e os escritos que atualmente são utilizados na sociedade – os tipos de texto.

A noção de contexto compreende o enfoque da situação real em que o texto se insere e o enfoque do texto a ser lido; refere-se à compreensão da situação de leitura e de aspectos do próprio texto. Este processo requer algumas informações sobre a situação de comunicação e sobre o texto, considerando-se as informações disponíveis. Trata-se de texto autônomo, ou não? É um cartaz, uma carta, é um panfleto, ou é extraído de uma revista, de um jornal, de um livro de literatura infantil ou de poemas, por exemplo.

Os principais parâmetros da situação de comunicação são: emissor, destinatário, finalidade, o que está em jogo – os resultados esperados –, e o objeto da comunicação – o conteúdo.

Os tipos de texto são: textos funcionais – cartaz, carta, relato, poema, ficha prescritiva –, receita, regras do jogo, instruções para montagem ou construção – e textos de ficção ou literários – lista, história, lenda, novela, piada, poema, adivinhação etc.

O quarto e o quinto níveis de conceitos focalizam o texto globalmente. São eles a superestrutura e a linguística textual.

A superestrutura se manifesta pela organização espacial da diagramação do texto (a silhueta), pela articulação lógica dos seus blocos – como a sequência cronológica –, pela dinâmica interna – a abertura, o encerramento e os elementos de ligação que se encontram entre eles – e pelo esquema narrativo, que especifica uma narrativa de ficção – conto, lenda, história ou notícia.

Os principais conceitos de linguística textual referem-se às manifestações do funcionamento global do texto e incluem:

- caso seja um texto narrativo, as marcas das escolhas da enunciação, ou seja, as escolha do autor do texto (escrito na primeira ou terceira pessoa) e o sistema de tempos verbais. Caso seja uma ficha prescritiva, a utilização do imperativo ou do infinitivo, a indicação de lugares (aqui/lá), a presença ou ausência de expressão de subjetividade, a utilização de adjetivos e advérbios;
- os substitutos, substantivos ou pronomes, que são utilizados para indicar pessoas ou objetos já apontados no texto;
- os conectores, geralmente advérbios, utilizados para articular parágrafos;
- os campos semânticos que integram o texto, revelados pela escolha do vocabulário e pelas redes de significado do texto;
- a pontuação do texto, que é diferente da pontuação da frase.

O sexto e o sétimo conceitos, apresentados a seguir, referem-se às frases e às palavras. A linguística da frase compreende:

- a sintaxe: as marcas de relações – concordância de número e gênero (singular/plural; masculino/feminino) – e terminações verbais – as relações de tempos e pessoas;
- o vocabulário utilizado, as palavras em contexto; as conotações;
- a ortografia, as regras gramaticais que podem servir como indícios válidos para a busca de sentido;
- as marcas que vêm no final das palavras (concordância, terminações);
- a pontuação das frases e sua contribuição para o significado.

Quanto às palavras e às microestruturas que as compõem, são mencionadas, com referência à leitura, à delimitação dos diversos modos de identificar as palavras e a seu significado: as palavras já conhecidas e as palavras novas que podem ser "adivinhadas" considerando o seu contexto e a identificação de letras ou sílabas que as compõem.

Em relação ao trabalho com grafemas (minúsculos e maiúsculos) já identificados e as combinações mais frequentes de sílabas, são mencionadas:

- as combinações significativas – as microestruturas semânticas: prefixos, sufixos e radicais, prefixos (in-, re- etc.) e os sufixos (-or, -ante, -ação etc.), as marcas nominais (singular/plural, masculino/feminino) e as marcas verbais (pessoas e tempos);
- Diferentes grafemas para um mesmo som – s/z; c/k; ge/je etc;
- As combinações consonantais mais comuns – br, cr, fl, gr. (Jolibert,1994a e 1994b)

Cabe ao professor localizar esses indícios no texto que será trabalhado e ajudar as crianças a localizá-los e a utilizá-los na leitura e na escrita.

No ensino de língua escrita, essas sete categorias de indícios presentes em textos são muito trabalhadas, mas com abordagens diferentes das tradicionais. A leitura desta proposta chama a atenção à ordem em que os diferentes níveis são focalizados e o destaque para a interação entre eles no trabalho pedagógico.

Na proposta de Jolibert e colaboradores, com a inserção da leitura e da escrita nos projetos, o ensino enraíza-se nas vivências dos escolares, vivências que são comuns à turma toda, uma vez que essas se inserem em projetos coletivos. É o contexto social situacional que gera a necessidade de comunicação oral e escrita. Neste contexto, as intenções cujas realizações são projetadas pelo grupo de alunos com seus professores conduzem ao envio e à recepção de textos escritos. O processo de desenvolvimento dos conhecimentos linguísticos inicia-se com as atividades práticas – "o que queremos fazer", "o que queremos realizar".

No ensino tradicional, as atividades seguem uma sequência inversa ao desenvolvimento da leitura e da escrita no bojo dos projetos.

O ensino focalizava, inicialmente, as microestruturas, as associações entre grafemas/fonemas, em seguida as palavras e depois as frases para chegar ao texto com a expectativa de que os alunos alcançassem sozinhos a escrita autônoma e a utilizassem em diferentes contextos sociais. A ênfase era dada à ortografia e às regras gramaticais em um estudo ilustrado com alguns exemplos de aplicação, geralmente apresentados em frases.

O aprendizado da escrita

O ensino e aprendizado da escrita recebem na pedagogia por projetos um enfoque coerente com o utilizado com referência à leitura. Vejamos:

> Escrever é produzir mensagens reais, com intencionalidade e destinatários reais. Não se trata de transcrever (copiar) nem de praticar exercícios de caligrafia. Tampouco se trata de escrever "composições" ou "redações" do tipo escolar com a intenção de mostrar ao professor que sabe ou não sabe. Escrever é produzir textos, ou melhor, vários tipos de texto, em função das próprias necessidades e projetos: cartas, cartazes, receitas, notícias, histórias, poemas etc.
>
> Não se trata de produzir frases soltas ou parágrafos isolados.
> [...]
> Produzir é assumir a perspectiva de um determinado tipo de texto, dirigido a certo destinatário, com uma intencionalidade específica. Todas as demais estruturas de caráter "micro" virão integrar-se nesta macroestrutura (e não o contrário). (Jolibert, 2006: 191-2)

Assim, as crianças aprendem a escrever produzindo diversos tipos de textos escritos, em situações de comunicação real, para destinatários reais. Elas devem tomar consciência da função que os textos desempenham na sociedade – comunicar, explicar, incentivar, informar etc. As crianças, escrevendo, podem:

> [...] experimentar o poder e o prazer proporcionado pelo domínio adequado da produção de um texto, que pode convidar a um evento, expressar sentimentos, sonhos ou opiniões, solicitar alguma coisa, exigir o cumprimento de uma regra ou lei, argumentar para atingir um objetivo, divertir ou comover, entre outras coisas. (Jolibert, 2006: 192)

O processo de produção textual envolve a escrita e a reescrita. Na reescrita o texto é revisado, melhorado, até chegar a uma versão final. O aprendizado da produção textual, como o aprendizado da leitura, envolve um trabalho de sistematização com a construção de ferramentas para consultas, quando necessário. É dada ênfase às observações de escritos sociais, às trocas entre as crianças, às atividades de auto e coavaliação e às atividades metalinguísticas.

Na exploração e na produção de textos não são cobradas respostas baseadas na memorização das correspondências entre grafias e sonoridades. A participação nas aulas não envolve apresentação de respostas prontas e exatas, mas a colocação em ação de raciocínios baseados nos indícios disponíveis (o contexto social, o "visual" do texto, seu formato, as ilustrações etc.). Portanto a participação torna-se acessível a todas as crianças, o que possibilita a convivência mais tranquila, sem exclusões e a consequente revolta dos excluídos que ficam no fundo da sala "porque não conseguem acompanhar as aulas"!

O trabalho com textos, à primeira vista, pode causar estranheza. Mas cabe lembrar que no entender de Teberosky (2002) a linguagem deve ser vista como uma atividade significativa, e, assim, a unidade linguística a partir da qual se dá o aprendizado da escrita não é a sílaba, nem a palavra, nem mesmo a frase, mas *o texto*. Isto é, a unidade de produção linguística que, independentemente de sua extensão, corresponde ao discurso que constitui uma determinada situação ou atividade.

A aceitação e inclusão de todas as crianças no ambiente pedagógico facilitam a aproximação dos familiares, a parceria no processo educacional e a transformação da escola em espaço de diálogo entre professores, alunos e equipe gestora, com o predomínio das relações sociais horizontais, sem privilégios ou preconceitos de qualquer espécie.

Temos verificado no desenvolvimento do Projeto Raios de Sol que, segundo o relato dos profissionais da educação que participam deste projeto, avanços significativos em leitura e escrita são conseguidos pelas crianças no decorrer dessa prática pedagógica. Por isso reafirmamos que a pedagogia por projetos, segundo a proposta de Jolibert e colaboradores, constitui a perspectiva de trabalho pedagógico a ser mais explorada na busca de soluções para os problemas referentes ao processo de alfabetização.

Referências

BRASIL. Secretaria da Educação Fundamental. *Parâmetros curriculares nacionais*: língua portuguesa. 3. ed. Brasília: MEC, 2001.

HUBER, M. *Apprendre en projets*: la pédagogie du projet-élèves. Lyon: Chronique Sociale, 1999.

JOLIBERT, J. (coord.) *Formando crianças leitoras*. Trad. B. C. Magne. Porto Alegre: Artes Médicas, 1994a.

_______. (coord.) *Formando crianças produtoras de textos*. Trad. W. M. F. Settineri e B. C. Magne. Porto Alegre: Artes Médicas, 1994b.

_______ et al. *Além dos muros da escola*: a escrita como ponte entre alunos e comunidade. Trad. Ana Maria Netto Machado. Porto Alegre: 2006.

_______; STRAÏKI, C. *Caminhos para aprender a ler e a escrever*. São Paulo: Contexto, 2008.

JOLIBERT, J. Prefácio: a pedagogia por projetos como alavanca para as aprendizagens. In: MICOTTI, M. C. de O. *Leitura e Escrita*: como aprender com êxito por meio da pedagogia por projetos. São Paulo: Contexto, 2009.

MICOTTI, M. C. de O. A formação continuada de professores. In: *Leitura e escrita*: como aprender com êxito por meio da pedagogia por projetos. São Paulo: Contexto, 2009.

TEBEROSKY, A. *Psicopedagogia da linguagem escrita*. Trad. Cláudia Schilling. Petrópolis: Vozes, 2002.

O processo de alfabetização: o desempenho dos alunos ao longo do tempo

O aprendizado da leitura e da escrita é considerado direito de todos, mas entre nós constitui um dos maiores empecilhos ao processo de democratização da educação escolar. Atualmente, o analfabetismo dentro da escolaridade constitui nova versão da escassez de oportunidades educacionais que, até pouco tempo atrás, marcou a história do país. O crescimento das matrículas no ensino fundamental não significa, necessariamente, aprendizado da língua escrita. Sobre o assunto veja-se Micotti (2011).

A alfabetização como problema educacional

As dificuldades em alfabetização não são recentes. Teixeira (1957: 32) apresenta dados referentes à matrícula nas escolas brasileiras no período de 1944 a 1953 que revelam o decréscimo do número de alunos do curso primário à medida que a escolaridade progride, especialmente na passagem da primeira para a segunda série. Esta tendência continua no decorrer do tempo.

No período de 1965 a 1969, as matrículas feitas no início do ano acumulam-se na primeira série, reduzindo-se à metade, ou menos, na segunda série do ano seguinte (Micotti, 1980: 4-5).

Em pesquisa sobre a reprovação no ensino fundamental em Rio Claro em 1968, Franco de Camargo (1971) observa que a repetência (uma ou duas vezes) ocorre, sobretudo, na primeira série. Como a alfabetização constitui a principal tarefa do ensino nessa série, isso indica claramente a sua interferência nas reprovações.

No estado de São Paulo, os problemas de ensino e aprendizado da escrita justificaram, em 1968/69, a reestruturação curricular do curso primário em níveis, aumentando o tempo dedicado à alfabetização. Essa mudança encerrou-se em 1972 com o estabelecimento do regime seriado pela Lei Federal n. 5.692. Com a continuidade dos problemas, é instituído o ensino em ciclos em 1983. Atualmente, por Lei Federal, a duração do ensino fundamental estende-se para nove anos e a matrícula obrigatória é antecipada para os 6 anos de idade.

Com a substituição do regime seriado pelo ensino em ciclos e com a progressão continuada, a repetência e a evasão são redimensionadas. Sobre este assunto, Barreto e Mitrulis (2001: 103) observam:

> Durante o século xx a escola básica brasileira passou por profundas transformações e logrou, ainda que apenas no limiar desse milênio, atingir praticamente toda a população em idade de frequentar o ensino compulsório. Contudo, no que se refere à qualidade do ensino e ao sucesso escolar da maioria, o balanço de seu desempenho é seguramente insatisfatório, tendo persistido o caráter excludente e seletivo do sistema educacional brasileiro no decorrer desse longo período.

Os problemas relativos à alfabetização continuam ao longo do tempo. Hoje, a crítica feita ao sistema de ensino é a de permitir que alunos avancem na escolaridade sem terem aprendido a ler e a escrever. A matrícula e a permanência na escola não asseguram o acesso aos saberes; as principais dificuldades do processo de ensino e de aprendizado têm origem na alfabetização. Os fracassos escolares são pesquisados no país desde a segunda metade do século passado, mediante diversas abordagens. Mas, na prática, os problemas persistem.

No desenvolvimento das pesquisas destaca-se a influência da psicologia norte-americana com a abordagem tecnicista nos anos 1970. O baixo desempenho escolar é atribuído a fatores inerentes à clientela pobre que passou a ter acesso à escola, realçando "a carência cultural", a falta de condições socioeconômicas e psicológicas pressupostas pelo aprendizado escolar.

As altas taxas de reprovação e de evasão são atribuídas às próprias crianças e ao ensino, criticado por desconsiderar a precariedade da clientela pobre que passou a frequentar as escolas públicas. São propostas medidas preventivas como a educação compensatória com a qual se pretendia sanar as carências culturais.

Em outros estudos, os fracassos são atribuídos a fatores relacionados à atuação dos professores e à interferência da própria escola no ensino – os efeitos da burocratização, a distância entre a cultura escolar e a cultura popular, por exemplo.

No entender de Angelucci, Kalmus, Paparelli e Patto (2004: 6), alguns estudos acentuavam a necessidade de "educação compensatória" para as crianças pobres em idade pré-escolar e outros atribuíam os problemas aos efeitos da estrutura e do funcionamento institucionais no trabalho dos professores e no rendimento de seus alunos, embora a maioria deles também se centrasse na inadequação do trabalho escolar às características psíquicas culturais da criança carente, e assinalam:

> Mesmo assim tratava-se de um campo cindido: enquanto alguns estudos enfatizavam a estimulação cognitiva das crianças pobres em idade pré-escolar como estratégia preventiva das dificuldades de aprendizagem, outros começavam a destacar aspectos da estrutura e do funcionamento institucionais, suas repercussões nas práticas docentes e, por essa via, no rendimento dos alunos. Mas a maioria das pesquisas que levavam em conta as chamadas variáveis intraescolares estava centrada num aspecto da tese da carência cultural: a escola é inadequada às características psíquicas culturais da criança carente. O que se destacava, portanto, era o desencontro entre professores e alunos, entre a escola e seus usuários, sem que ficasse nítido que esse desencontro é inerente à escola como instituição social que reproduz a lógica de uma sociedade dividida em classes. Por isso continuou o predomínio das prescrições técnicas para a democratização da escola. Os tempos ainda eram de ditadura e da crença na redenção do país pelo desenvolvimento técnico e pela manutenção da ordem.

Com a divulgação das concepções teóricas sobre o papel da escola em sociedades divididas em classes – concepções que acentuam o papel desempenhado pelo sistema de ensino na reprodução das diferenças entre classes sociais – é feita outra leitura do fracasso escolar. A escola deixa de ser vista apenas como o local em que os insucessos se manifestam, e esses passam a ser vistos como produzidos na escola, como produtos inevitáveis de uma sociedade dividida em classes.

Com as teorias reprodutivistas, a escola passa a ser vista como instituição cuja atuação gera o fracasso. Ao agir de acordo com a cultura das classes dominantes, faz dessa cultura o pressuposto do trabalho pedagógico, prejudicando as crianças das classes populares. Desse modo, o baixo desempenho é visto como resultado inevitável de uma sociedade dividida em classes. Mas a origem social e as deficiências socioculturais não são a causa do fracasso escolar no entender de alguns autores.

Charlot (2003: 23-9), discordando das teorias da reprodução, propõe a análise do assunto em termos da relação com o saber e assinala:

> [...] o sucesso, ou o insucesso escolar, provém da realização, ou não, por parte da criança de atividade intelectual eficaz para a apropriação dos saberes e o desenvolvimento das competências cognitivas. Isto pressupõe que o aluno se mobilize intelectualmente e para isso é preciso que a situação de aprendizagem tenha sentido para ele; que esse sentido tenha relação específica com a função da escola – estudar, aprender, saber.
> Tem sentido para um sujeito, uma palavra, um enunciado, um acontecimento que esse sujeito possa pôr em relação com outros em um sistema, ou em um conjunto; tem sentido para o sujeito algo que lhe acontece e que tem relações com outras coisas de sua vida, coisas que ele já pensou, questões que já se propôs. Tem sentido o que para o sujeito produz inteligibilidade sobre algo, o que aclara algo no mundo. Tem sentido o que é comunicável e pode ser entendido em uma troca com outros. Assim, sentido como desejabilidade (valor positivo ou negativo) difere de sentido ligado à significação. A primeira acepção envolve a ideia de valor, de importância que o sujeito atribui a algo; quando uma pessoa diz: Isso realmente tem um sentido para mim indica um valor. Na segunda acepção, quando uma pessoa diz "não entendo nada" isso quer dizer que o enunciado ou o acontecimento não tem significado. (Charlot, 2000: 56-7)

Assim, quando a atuação escolar faz sentido para um aluno, ele entra em atividade e investe nessa atividade num processo de intercâmbio com o mundo. No decorrer da vida algo pode adquirir ou perder seu sentido para as pessoas, pois o próprio sujeito evolui, por sua dinâmica própria e por seu confronto com os outros e o mundo. O sentido envolve, portanto, diferentes dimensões-desejos, intercâmbios sociais, como, por exemplo, as vivências passadas e as atuais (Charlot, 2000: 58).

Do ponto de vista pedagógico, a distinção anteriormente apresentada entre sentido-desejo e sentido ligado à significação propõe a questão da correspondência entre os sentidos desenvolvidos pela escola e pelo aluno no estudo do desempenho em alfabetização. Propõe, também, a questão da significação na interação das crianças com a escrita como objeto de estudo e com as atividades solicitadas no ensino.

O tempo, o espaço e a dinâmica da aprendizagem são três noções a que Chauveau (1993: 64-7) recorre para explicar como as crianças geralmente aprendem e por que a maioria delas apresenta sérias dificuldades.

Quanto ao tempo, distingue o primeiro período, anterior ao ensino sistemático oficial, que se caracteriza pelas descobertas e aquisições feitas, o segundo, que inclui atividades e aquisições feitas em sala de aula, no horário escolar, e o terceiro, que compreende as atividades desenvolvidas fora da escola, em interações com pessoas que leem e escrevem. São momentos em que a criança aplica, exercita, completa e revisa o que estudou na escola.

Há diferenças entre as crianças quanto às suas experiências socioculturais no primeiro período e quanto ao que ocorre dentro e fora das salas de aula. A escola não é o único local de aprendizagem da leitura; a família e os equipamentos educacionais ou culturais também podem proporcionar contatos com a escrita. Algumas crianças contam com diversos locais para aprender, outras só dispõem da escola. A continuidade e a convergência entre as atividades desenvolvidas na escola, na família e nos equipamentos socioculturais aumentam as chances de sucesso.

A dinâmica da aprendizagem corresponde à dinâmica social (interpessoal), que determina como as pessoas veem a criança, como a ajudam etc. Dada a influência das atitudes e das expectativas sobre o comportamento escolar da criança, se ela for percebida como pouco inteligente, lenta ou problemática, corre grandes riscos de apresentar dificuldades desde o início do ensino.

Em geral, os alunos considerados "fracos" são os que têm poucas oportunidades de intercâmbio com a escrita, são solitários ou entregues a si mesmos, ao passo que os alunos bem-sucedidos, geralmente, são os que dispõem de incentivos e recebem ajuda de leitores experientes que os acompanham em suas descobertas.

Outro aspecto dessa dinâmica de aprendizagem, destacado por Chauveau, é o cultural, que diz respeito à disponibilidade da escrita no ambiente em que a criança vive. Enquanto algumas crianças recebem muito estímulo e ajuda, outras vivem em uma espécie de "deserto cultural", e às vezes dispõem apenas do material escolar e de nenhuma pessoa (que lê e escreve) para ajudá-la.

A ampliação das situações de aprendizagem decorrente do enfoque sociocultural da construção do conhecimento tem como correlato o aumento das responsabilidades escolares.

Questões propostas

O enfoque do desempenho na alfabetização como correspondência do sentido dado pela escola a sua própria atuação e o sentido que a criança atribui às atividades escolares conduz a diversas indagações sobre a concretização desse processo em situações reais de ensino e aprendizado. Se o desempenho depende da correspondência entre esses sentidos, como as crianças em dificuldades na alfabetização realizam a leitura e a escrita? Que sentido elas atribuem a essas atividades? Este sentido pode modificar-se com o tempo? A relação com o saber pode modificar-se no decorrer da escolaridade? Como essas crianças representam seu próprio desempenho? Como focalizam a realização de leitura e de escrita dentro e fora da escola? Qual a função social que atribuem à leitura e à escrita?

As questões propostas nos conduziram à realização deste estudo para averiguar em que consistem as relações que as crianças que apresentam dificuldades na alfabetização estabelecem com a leitura e a escrita; visa também averiguar se essas relações ocorrem de modo diverso em diferentes momentos de sua escolaridade.

A pesquisa – método e materiais

Os desempenhos em leitura e escrita de alunos de primeira série de escola pública do ensino fundamental de Rio Claro (SP) são comparados com os seus próprios desempenhos na 3ª série. Nesta comparação são considerados:

- os enfoques dados por essas crianças à leitura e à escrita, feitos dentro e fora da escola;
- as funções sociais atribuídas à leitura e à escrita;
- a leitura feita por pessoas de sua convivência.

A coleta de dados foi feita em duas fases. Inicialmente, solicitamos às professoras da 1ª série a indicação dos cinco alunos de sua classe que apresentavam mais facilidade e dos cinco que apresentavam mais dificuldade na alfabetização. São esses alunos (os que continuaram a estudar na mesma escola) os participantes do presente estudo.

Os desempenhos dos alunos são focalizados no contexto do trabalho em sala de aula mediante observações feitas por diferentes observadores.

Os instrumentos utilizados para a coleta de dados com as crianças são um questionário e alguns textos. As atividades com os textos e com o questionário (aplicado em forma de entrevista) foram feitas individualmente. O questionário em forma de entrevista focaliza as manifestações das crianças sobre as representações de suas relações com a leitura e a escrita.

Para avaliar compreensão de leitura e a produção escrita foram utilizados dois textos escritos. A leitura oral é examinada mediante a reprodução de texto lido oralmente. O desempenho relativo à compreensão é estudado mediante leitura silenciosa e a realização de um desenho que deve reproduzir a descrição detalhada de um personagem, apresentado no texto.

Na avaliação da escrita é considerada a ocorrência, ou não, de:

– registros com a escrita convencional;
– cópia de pequenas partes;
– a reprodução incompleta, como apenas o início da narrativa ou a apresentação de algumas partes;
– fragmentação do texto;
– apresentação da narrativa com justaposição de frases;
– a apresentação da narrativa completa.

Na avaliação da compreensão da leitura silenciosa, é considerada a presença ou ausência de expressões gráficas, das várias características da figura descritas no texto e as relações entre as partes.

Resultados

COMO AS CRIANÇAS EM DIFICULDADES REALIZAM A LEITURA E A ESCRITA?

Os alunos indicados pela professora como os que apresentam facilidade na alfabetização revelam compreensão da leitura silenciosa, desenhando a figura apresentada no texto com grande parte ou com todas as características descritas. Algumas falhas são observadas, por exemplo, alguns deixam de desenhar os óculos, outros, os botões da blusa, outros, os brincos, outros os sapatos que, às vezes, não aparecem – a saia desenhada é longa, não curta como é descrita.

É possível distinguir quatro diferentes níveis nos desempenhos em leitura e escrita.

– No primeiro nível, os desempenhos caracterizam-se pela leitura que não chega à compreensão e nem à decodificação do texto e pela escrita feita por grafias de letras que não seguem os padrões da escrita convencional;
– O segundo nível caracteriza-se por condutas semiletradas, pela leitura feita com muitos tropeços e a escrita que se aproxima da convencional;
– O terceiro nível caracteriza-se pela realização de leitura e pela escrita convencional, mas sem revelar domínio da produção textual. Os textos são apresentados de modo incompleto ou com incoerências.
– O quarto nível caracteriza-se pela apresentação de leitura e de escrita convencionais, com produção de textos completos e coerentes.

A RELAÇÃO COM O SABER PODE MODIFICAR-SE NO DECORRER DA ESCOLARIDADE?

Os desempenhos das crianças em diferentes momentos diversos da escolaridade –1ª e 3ª séries – sugerem que a relação com o saber pode modificar-se no decorrer da realização do ensino fundamental. Se a comparação entre os desempenhos que cada criança apresenta na 1ª e na 3ª séries do ensino fundamental por um lado, revela que algumas crianças não mudam seus desempenhos, por outro, mostra que outras apresentam diferenças entre seus desempenhos, como mostram os dados contidos na tabela 1.

Desempenhos	1ª série	3ª série
Nível 1	7	5
Nível 2	4	2
Nível 3	-	2
Nível 4	-	2
Total	11	11

Tabela 1 - Distribuição dos alunos segundo desempenhos em leitura e escrita na 1ª e na 3ª séries

A aplicação da prova de McNemar aos dados da tabela 1 para análise da significância de mudanças revela tendências significativas das alterações do desempenho em leitura e escrita com o decorrer da escolaridade: $(X^2) = 7,20$ $(X^2$ crítico)1; 0,01 = 6,64 (Siegel, 1975: 69-74).

A análise dos dados obtidos mostra que cinco crianças permaneceram com desempenho correspondente ao nível 1, na 1ª e na 3ª séries.

Dentre as crianças que mudaram de nível de desempenho, predominam as que na 1ª série encontravam-se no nível 2. Cabe esclarecer que, destas, apenas uma criança apresenta, na 3ª série, desempenho correspondente ao mesmo nível que apresentava na 1ª série.

Nos desempenhos apresentados pelas crianças que na 1ª série ainda não liam nem escreviam de modo convencional, há variações. Algumas não manifestavam qualquer estratégia de interação com o texto, ao passo que outras tentavam ler.

As crianças que continuaram apresentando desempenho correspondente ao nível 1 não liam na 1ª série nem na terceira. Uma delas disse: "Vou ficar aqui até amanhã, eu não sei ler". Outras tentam ler. Há as que reconhecem as vogais ("o", "a", "e") e leem os artigos "o" e "a"; algumas nomeiam cada letra da palavra, por exemplo, diante da palavra "cansado" dizem: "ce e a". Na escrita, copiam algumas palavras do texto proposto para leitura e reprodução, ou desenham a figura de uma criança, às vezes um menino, outras uma menina, sem as características descritas pelo texto.

Apenas uma criança permaneceu no nível 2 na 3ª série. Ela continua fazendo a leitura do texto como uma leitura de palavras soltas. Lê as palavras curtas que conhece (formadas por uma ou duas sílabas) e lê as outras de maneira descontínua, silabando, trocando letras ou sílabas, voltando, invertendo a ordem das sílabas. Na escrita, na 3ª série, inventa uma história com base no que consegue ler. Empenha-se na realização das atividades.

A criança cujo desempenho passou do nível 1 para o nível 2, na 1ª série não leu, não desenhou nem escreveu. Na 3ª série lê lentamente, sílaba por sílaba, sem atender à pontuação. Quanto à leitura silenciosa, revela compreensão, desenhando a figura descrita. A escrita do texto restringe-se à apresentação de uma sentença, trocando o personagem.

A criança cujo desempenho passou do nível 1 para o nível 3, na 1ª série apenas conseguiu ler vogais e alguns monossílabos; das outras palavras, lia apenas a sílaba inicial. Não quis desenhar, dizendo que não sabia ler. Na escrita, copiou uma das palavras do texto e escreveu outra semelhante; também copiou uma frase do texto. Na 3ª série, essa criança lê oralmente, hesita, volta e troca sílabas. Faz a leitura silenciosa e desenha o personagem descrito, omitindo um detalhe e trocando outro. Consegue escrever o início da fábula, omite uma parte e depois apresenta a conclusão.

A criança cujo desempenho evoluiu do nível 2 para o nível 3, na 1ª série identificava as sílabas simples iniciais das palavras. Deixava de ler muitas palavras; lia as palavras curtas, com uma ou duas sílabas, separando-as. Escreveu uma frase relativa ao texto, trocando uma letra. Essa frase não é exatamente igual a qualquer frase do texto.

Na 3ª série, lê o texto todo, faz apenas algumas trocas e não respeita os sinais de pontuação. Faz a leitura silenciosa e desenha respeitando as características do personagem descritas no texto proposto para leitura silenciosa. Escreve um resumo da fábula, proposta para a leitura que demonstra já conhecer, apresentando alguns desvios ortográficos.

Uma das crianças que passou do nível 2 para o nível 4, na 1ª série lia com mesmo tom de voz, sem respeitar a pontuação, exceto a exclamação e a interrogação. Lia lentamente, silabando as palavras compostas por várias sílabas complexas. Hesitava diante de algumas palavras. Na escrita de texto, copiava partes de algumas frases.

Do texto proposto para leitura oral que é escrito com letras maiúsculas e minúsculas, eram copiados pela criança alguns trechos em letras maiúsculas. Após a leitura silenciosa, desenhou uma saia curta vermelha e uma blusa azul, peças do vestuário como estavam descritas no texto.

Na 3ª série, essa criança continua não respeitando a pontuação, algumas vezes hesita e troca letras. Quanto à leitura silenciosa, desenha a menina de acordo com a descrição apresentada no texto. Escreve a fábula completa, utilizando apenas três pontos finais; troca algumas letras, não usa substitutos e utiliza sempre "e" como conectivo.

Como os dados da primeira fase da pesquisa foram coletados em outubro isto significa que essas crianças pouco avançaram na apropriação da escrita desde o início do ano. Ao tentarem ler, recorrem a modos de agir muito incipientes, próprios de principiantes habituados ao trabalho com o reconhecimento de vogais, de sílabas, de letras e de palavras compostas por uma ou duas sílabas.

As representações das crianças sobre o próprio desempenho

Os alunos bem-sucedidos manifestam que têm noção de seu conhecimento. A maioria afirma saber e gostar de ler, apenas alguns dizem que só conseguem ler algumas vezes e admitem ter dificuldades em leitura. Sobre o que fazem quando "tropeçam" em alguma palavra, dizem que voltam e tentam ler de novo, mas indicam estratégias diferentes – "não saio da palavra até conseguir ler", "começo desde o começo" e "volto e daí leio certo".

Estratégias diversas são apontadas pelos portadores de dificuldades na alfabetização: "escrevo a palavra", "pulo para outra", "tem que começar tudo de novo", "eu erro, mas tento ler"; "leio de novo", "fico nervoso", "eu paro de ler". Os resultados relativos à leitura oral confirmam as suas falas.

Cabe assinalar que as crianças com dificuldades agem de modo compatível com a representação que fazem sobre seu próprio desempenho em leitura, o que pode constituir um fator de insucesso. Muitas reconhecem suas dificuldades para ler, dizem que não sabem, mas que gostam de ler. Outras crianças dizem que às vezes não sabem ler, às vezes gostam de ler, às vezes têm dificuldades para ler.

Há quem diga que lê e sabe ler "mais ou menos", e há ainda quem admita ter dificuldades, que não sabe, mas gosta de ler às vezes. Há também quem diga "eu não sei ler, mas queria aprender".

A leitura dentro e fora da escola

Os alunos bem-sucedidos convivem com leitores. Indagados sobre o que os pais leem, respondem: "jornais"; "revistas e jornais"; "bíblia e contas"; "gibis"; "dicionário, revista". Sobre as suas próprias leituras dizem que na escola leem "livros"; "livros e textos". Em casa, leem: "livros e revistas"; "livros e gibis"; "livros e jornais"; "livros, gibis etc.". Isto não acontece com os demais alunos: nem todos indicam a convivência com leitores.

Quanto aos alunos que se encontram em dificuldades, geralmente, apontam um ou dois materiais em relação à leitura dos pais, sobretudo, a bíblia, contas, revistas, jornais. Um dos meninos diz que nunca viu os pais lendo; outro afirma "nada"; outro, "nunca vi".

Quanto à leitura na escola, essas crianças apresentam respostas como: "eu só leio quando a professora manda ler o texto"; "leio livros e gibis"; "livros"; "coisas da lousa"; quanto à leitura fora da escola, em casa, dizem que leem "livros da lição"; "jornais"; "gibis".

As funções sociais que as crianças atribuem à leitura e à escrita

Os enfoques dados a essas atividades pelas crianças também podem constituir fator das diferenças de desempenho. Para a pergunta: "Por que as pessoas leem?", as respostas dos alunos bem-sucedidos giram em torno de:

- "Para se informar de tudo o que acontece.";
- "Porque elas gostam e também é legal ler.";
- "Para serem inteligentes, porque elas querem aprender.";
- "Para saber o que vai acontecer.";
- "Para aprender, quanto mais rápido você lê, mais rápido você aprende."

Diante da pergunta “Para que serve a leitura?” algumas crianças respondem:

- “Para a gente aprender as coisas, porque a gente diz ‘carro’ a gente sabe o que ele é. Também serve para a gente falar depois.”;
- “Para aprender a ler e a escrever.”;
- “Para você aprender o estudo, a ler.”;
- “Para aprender a ler e a escrever um monte de coisa.”

Sobre as funções da escrita, as respostas também variam:

- “Escrever textos, cartas, bilhetes, bíblia.”;
- “Serve para as outras pessoas lerem.”;
- “É importante para você mandar carta e aprender as coisas.”;
- “Para você saber o que tem escrito nas coisas”.

Um aluno que não respondeu para que serve a leitura disse em relação à escrita: “Minha mãe sempre diz que ir na escola é para aprender a ler e escrever, minha mãe pega pesado”.

Como podemos notar, essas crianças têm algumas noções das funções sociais da escrita ao passo que outras (como este aluno) recorrem ao referencial familiar.

Em relação à pergunta “Por que as pessoas leem?” os alunos que na primeira série encontravam-se em dificuldades respondem, por exemplo, “para entender as palavras”, “porque são inteligentes, mas o porquê eu não sei”, “para aprender coisas e, se tiver uma estrada quebrada, ninguém cair e morrer”, “para aprender mais sobre conto e essas coisas”, “porque elas sabem ler e estudam bastante”.

Destacam-se nestas respostas as referências ao trabalho escolar, ao saber, ao estudo, à importância da leitura para o aprendizado. Enfim, suas respostas sugerem a restrição da compreensão das funções sociais da leitura aos trabalhos escolares.

É interessante notar que as manifestações das crianças participantes desse estudo sobre as suas concepções sobre a escrita apresentam semelhanças às obtidas por Franchi (2012: 79-81), sobre as quais assinala:

> Outras respostas colocam as razões para “aprendê lê i iscrevê” baseadas em certo valor social da escrita. Indiscutivelmente, a escrita tem sido sempre um instrumento de poder que contrapõe letrados e não letrados. É natural que já se perceba nas crianças o reflexo desse valor da escrita [...]

Quanto às questões “Para que serve a leitura? E a escrita?”, as respostas assinalam:

– A leitura serve "para ler as lições" e a escrita serve "para copiar da lousa";
– A leitura serve "para ficar mais inteligente, para sabe ler e escrever". A escrita serve para fazer a lição, mandar carta;
– A leitura serve para não ficar burro e a escrita "Para uma pessoa se comunicar com a outra se estiver longe";
– A leitura serve para trabalhar de (cuidar de) bebê, de faxineira na escola.

Um participante não respondeu para que serve a escrita.

As manifestações dessas crianças em entrevista confirmam as observações de Chauveau quanto ao tempo, ao espaço e à dinâmica da aprendizagem.

As crianças, os componentes curriculares e as atividades fora da escola

A noção do próprio desempenho manifesta-se nas preferências das crianças pelas matérias que estudam. Quanto às matérias de que mais gostam, as respostas das bem-sucedidas na alfabetização variam, mas o Português é citado com frequência.

Sobre as matérias de que menos gostam, são citadas com mais frequência as outras matérias que não o Português. Muitas dessas crianças afirmam que "vou melhor" em Português, outras, em Matemática ou outra matéria. Quanto ao que as crianças mais gostam de fazer, dizem que gostam de brincar, embora as brincadeiras variem, mas apontam também assistir TV e sair com a família. Quanto às coisas de que não gostam de fazer, apontam com muita frequência ajudar em casa, mas não manifestam maiores preocupações.

Dentre os alunos que se encontram em dificuldades na alfabetização, poucos apontam Português como uma de suas matérias preferidas, e optam por outras matérias. Alguns indicam o Português como a matéria de que menos gostam, mas há quem diga: "é nesta a matéria que vou melhor".

Dizem que brincar é o que mais gostam de fazer, além de ver TV e sair com a família. Mas ao falarem de que não gostam apresentam algumas queixas, por exemplo, "fazer as coisas para o meu irmão", "brigar", "de ajudar em casa e de andar, porque dói a perna", de "ficar em casa o dia inteiro".

Essas queixas diferenciam as suas respostas das apresentadas pelo outro grupo de crianças que se limita a mencionar "ajudar em casa". As suas manifestações também divergem nas representações relativas à leitura.

Como podemos notar, estas e outras respostas que as crianças apresentam não revelam a compreensão das funções sociais da escrita, o que sugere a ausência de trabalho referente ao assunto e da inserção da leitura e da escrita em situações reais de comunicação.

Essas respostas são parcialmente comuns às apresentadas pelas crianças bem-sucedidas na alfabetização no tocante à menção à inteligência, à relação da leitura com a aprendizagem, mas são mais pontuais.

Conclusões

A análise dos dados da tabela 1 mostra que parte significativa dos alunos conseguiu superar suas dificuldades no aprendizado da leitura e da escrita no contexto escolar. Esses resultados apontam para o trabalho escolar como fator principal dessa evolução e, possivelmente, para mudança de sentido desse trabalho para parte dos participantes deste estudo. Em nosso entender, essa possibilidade constitui uma "pequena luz no final do túnel". Se a possibilidade existe, resta saber como ampliá-la, tornando-a mais significativa.

Os resultados obtidos mostram que os alunos bem-sucedidos na alfabetização conseguem fazer a leitura oral de um texto e compreender o sentido de um texto lido em silêncio. Porém essa compreensão nem sempre é completa, por falta de inferências que os conhecimentos básicos da abordagem do texto mediante outras estratégias de leitura poderiam viabilizar. Mas essas realizações não são observadas por parte de alunos que não apresentam o mesmo desempenho neste processo.

A escrita feita pelas crianças que são bem-sucedidas supera a das que não conseguem sucesso no aprendizado, mas fica aquém de sua própria realização em leitura, sobretudo em leitura oral. Isso indica a ênfase nesta atividade no trabalho escolar.

Os desempenhos das crianças dos dois grupos relacionam-se com as concepções de leitura e escrita pelas quais o ensino se orienta. Mas esse fator interage com outros na produção das diferenças entre as realizações das crianças.

Os alunos em dificuldades agem de modo compatível com a representação que manifestam de seu próprio desempenho, o que pode constituir outro fator de insucesso, juntamente com as oportunidades mais restritas de interação com textos e leitores. Os alunos bem-sucedidos convivem mais com leitores (seus pais) do que os demais.

De modo geral, as crianças têm ciência das dimensões de seu próprio conhecimento a respeito da escrita. Os enfoques dados à leitura e à escrita em suas representações também podem constituir fator das diferenças entre as realizações que apresentam.

Os resultados deste estudo sugerem que os insucessos na alfabetização podem ser atribuídos à ocorrência de lacunas no trabalho escolar. Sugerem, também, a necessidade de inclusão no ensino de atividades que ampliem e orientem a interação das crianças com a leitura e a escrita. Atividades que permitam superar o ensino da leitura como decifração, como processo sequencial. Atividades que envolvam a realização da leitura e da escrita em suas diversas funções sociais.

Outros fatores poderiam ser levantados para explicar o fracasso escolar, como o absenteísmo, mas seus efeitos são ambíguos. Isto é, absenteísmo ou desinteresse seriam as causas ou as consequências das dificuldades em que se encontram as crianças na escola?

Referências

Angelucci, B.; Kalmus, J.; Paparelli, R.; Patto, M. H. O estado da arte da pesquisa sobre o fracasso escolar (1991-2002): um estudo introdutório. *Educ. Pesqui.* São Paulo, v. 30, n.1, jan./abr. 2004.

Barreto, E. S. S.; Mitrulis, E. Trajetória e desafios dos ciclos escolares no país. *Estudos Avançados*. São Paulo, v. 15, n. 42, maio/ago. 2001, pp.103-40.

Charlot, B. *Da relação com o saber*: elementos para uma teoria. Trad. B. C. Magne. Porto Alegre: Artes Médicas Sul, 2000.

_______. O sujeito e a relação com o saber. In: Barbosa, R. L. L. (org.). *Formação de educadores*: desafios e perspectivas. São Paulo: Ed. Unesp, 2003, pp. 23-33.

Chauveau, G. Dynamiques école-famille-quartier et reussite en lecture au cours préparatoire. In: Alves Martins et al. (eds.). *La Lecture pour tous*. Paris: Armand Colin, 1993.

Franchi, E. *Pedagogia do alfabetizar letrando*: da oralidade à escrita. São Paulo: Cortez, 2012.

Franco de Camargo, D. A. Um estudo quantitativo sobre a reprovação no curso primário. Araraquara, 1971. Tese (Doutorado em Estatística Aplicada à Educação). Orientador: José Pastore. – Departamento de Estatística, Universidade Estadual Paulista.

Micotti, M. C. de O. *Piaget e o processo de alfabetização*. São Paulo: Pioneira, 1980.

_______. A democratização do acesso ao saber nas escolas públicas: a problemática da alfabetização, a formação docente e a pedagogia por projetos. In: Zambello de Pinho, S. *Formação de educadores*: dilemas contemporâneos. São Paulo: Ed. Unesp, 2011.

Siegel, S. *Estatística não-paramétrica*. São Paulo: McGraw-Hill do Brasil, 1975.

Teixeira, A. *A educação não é privilégio*. Rio de Janeiro: Livraria José Olympio, 1957.

A alfabetização e a formação de professores

A importância do conhecimento da leitura e da escrita para a realização do ser humano e para o desenvolvimento social das nações é amplamente reconhecida. Entretanto, no Brasil, muitos problemas da educação escolar iniciam-se na alfabetização e continuam com a leitura com pouca ou nenhuma compreensão e com o acesso insuficiente à escrita convencional e à produção textual.

Esses problemas intensificam-se com as tensões que marcam as condutas dos alunos que chegam ao final do ensino fundamental sem saberem ler e escrever. Os insucessos escolares são, em parte, responsáveis pelas porcentagens de analfabetos e de "analfabetos funcionais" da população brasileira.

Ao longo do tempo, as políticas públicas direcionadas para a solução da problemática da alfabetização no país consistem, sobretudo, em propostas para reformulações das estruturas curriculares e para a formação continuada de professores. No estado de São Paulo, com a municipalização do ensino, têm sido introduzidos nas escolas públicas sistemas de ensino que se fazem acompanhar de programas das chamadas "formações" para professores.

Na década de 1960 houve a reestruturação do antigo curso primário no estado de São Paulo. A alfabetização estendeu-se até o final do segundo ano do curso primário com a extinção dos exames na passagem do primeiro para o segundo ano. Os problemas continuaram, e, além de outros fatores, como as dificuldades socioeconômicas que afligiam e afligem a população, a nova proposta foi interpretada como "promoção automática". Com a instituição do ensino de primeiro grau com oito anos de duração (Lei Federal n. 5.692/71), houve, oficialmente, o retorno ao antigo regime seriado e a continuação ou agravamento dos velhos problemas.

No início dos anos de 1980 acontece uma nova mudança curricular. É instituído o ciclo básico com dois anos de duração, correspondentes às duas séries iniciais. O construtivismo é apontado para orientar o ensino.

Desta vez, são tomadas mais providências para apoiar a implantação do novo currículo. São feitas mudanças no sistema escolar; por exemplo, são adotadas medidas para realizar a avaliação de forma sistemática, são introduzidas aulas de Educação Física e de Educação Artística, é regulamentada a função do coordenador pedagógico nas escolas e são instituídas as horas de trabalho pedagógico nas escolas, destinadas ao preparo de aulas e materiais didáticos pelos professores.

Os resultados, mais uma vez, não são os previstos. Na década de 1990, outras medidas administrativas são adotadas. Ocorre a separação entre as escolas que atendem às quatro séries iniciais e as que atendem as demais séries. É instituída, em 1997, a recuperação durante as férias de janeiro e é implantado o Programa de Aceleração do Fluxo Escolar com a organização de classes compostas por alunos com defasagem entre idade cronológica e escolaridade. Em âmbito nacional, é aprovada a nova Lei de Diretrizes e Bases (LDB) e são divulgados os Parâmetros Curriculares que atribuem ênfase ao ensino voltado para o exercício da cidadania.

Em 2006, novos dispositivos legais ampliaram a duração do ensino fundamental para nove anos, com a antecipação do início da escolaridade obrigatória para os 6 anos de idade, provocando reflexões por parte dos educadores sobre os efeitos dessas e de outras modificações curriculares no sistema de ensino brasileiro.

As providências para modificar o ensino não têm atingido os objetivos previstos em suas justificativas para a sua implantação, como ocorreu com o regime de progressão continuada, medida que passou a ser vista como um modo de camuflar a repetência e a evasão escolares.

Muitas indagações têm sido apresentadas por professores, alfabetizadores, diretores, coordenadores, supervisores e outros profissionais da educação em palestras, durante visitas às escolas, em encontros no âmbito de projetos de extensão universitária, na realização de coleta de dados de pesquisas, no início ou no decorrer de aulas em cursos de licenciatura ou e de pós-graduação.

À primeira vista, as indagações feitas pelos professores podem parecer apenas manifestações isoladas decorrentes de dificuldades pessoais encontradas no dia a dia, ou mesmo reações particulares de resistência de profissionais ante um processo de inovação pedagógica. Contudo, a análise desses questionamentos, que mostra a repetição de seus conteúdos, indica que as dúvidas não são fortuitas nem isoladas, mas resultantes de reflexões sobre a prática pedagógica.

Essas indagações revelam fatos observados por seus autores, contêm informações sobre as noções mais difundidas nos meios escolares e sobre procedimentos ou problemas práticos comuns. Algumas vezes, práticas são classificadas (em perguntas, por exemplo) como construtivistas sem a descrição dos critérios utilizados para essa classificação. Mas podem ajudar a delinear caminhos para interpretar a ocorrência de problemas referentes à alfabetização das crianças e identificar aspectos a serem trabalhados na formação docente.

Informações contidas nas falas dos professores indicam que o ensino tem recorrido à repetição e à decoração em atividades como cópia, leitura e ditado das mesmas palavras ou sentenças, consideradas específicas da didática tradicional. O recurso a essas atividades apresenta-se como tentativa para compensar a falta de aprendizagem, decorrente do pouco sentido que as aulas têm para as crianças. Neste processo, compete ao aluno acompanhar o que é dito; ele é quem deve adaptar-se ao trabalho, não este às suas necessidades de compreensão. Os que não acompanham o ensino ficam ociosos e, geralmente, compõem o contingente dos *indisciplinados* da classe.

Alguns aspectos do ensino nos últimos cinquenta anos

Hoje observamos que o ensino não proporciona o domínio da chamada "escrita convencional" para todas as crianças. Há quem saia da escola sem aprender a ler e a escrever. Há crianças que, com a aplicação dos métodos tradicionais, chegam apenas a decifrar o texto sem compreenderem o que decifram; há alunos que não passam do estudo das primeiras famílias silábicas e os que não atingem a utilização da escrita como instrumento de comunicação social.

Muitas vezes não ocorre o ensino para promover a sistematização dos conhecimentos infantis a respeito da escrita. Outras vezes, a ênfase nas correspondências entre sons e letras e nas combinações gráficas acontece em prejuízo da leitura como atividade que envolve a participação do leitor e a realização da escrita em suas funções sociais.

Neste texto comentaremos alguns momentos do ensino e da formação docente, pontuando alguns aspectos que consideramos relevantes para a alfabetização em nossas escolas no período em pauta.

No passado, as mudanças dos currículos escolares paulistas tenderam a acentuar o ensino flexível, concentrado nas atividades e na compreensão dos alunos, adaptado às suas necessidades de aprendizagem e organizado de modo contínuo, sem interrupções nos estudos. A reestruturação dos anos 1960 não indicava método (São Paulo, Estado, 1969), no entanto, os Serviços de Orientação Pedagógica

(Serops) propunham a alfabetização mediante o método global. Vale lembrar que o programa anterior, de 1949, também recomendava este método, mas em sua vigência predominava a aplicação do método sintético. Porém, a extensão da alfabetização para os dois primeiros anos letivos era negada, na prática, com as "falsas" segundas séries, isto é, com a composição de classes que reiniciavam a cartilha. A proposta do ensino para o ciclo básico também destina à alfabetização o trabalho das duas séries iniciais e propõe o construtivismo para orientar o ensino.

Os antagonismos entre o ensino tradicional e o construtivismo referem-se a vários aspectos, sobretudo quanto aos papéis atribuídos ao professor e aos alunos nas aulas, às abordagens da escrita, aos materiais utilizados.

No ensino tradicional, é o professor quem transmite as correspondências entre sons e grafias, com ou sem cartilha. Para que a criança consiga adaptar-se às suas orientações e moldar-se, desde o início do ensino, aos padrões da escrita convencional, há um período preparatório, com exercícios de discriminação visual, coordenação motora fina etc.

No construtivismo, cabe ao ensino proporcionar um ambiente estimulador para que a criança faça suas descobertas e atinja os padrões convencionais da escrita. Ela aprende a ler lendo e a escrever escrevendo, e para isso todos os tipos de texto são utilizados nas aulas.

São evidentes as diferenças entre as propostas – construtivista e tradicional. Essas diferenças referem-se aos enfoques dados às atividades de leitura e de escrita, às atividades atribuídas a alunos e a professores no decorrer do ensino.

Conforme os Parâmetros Curriculares Nacionais da língua portuguesa (Brasil, 2001: 33-4):

> A compreensão atual da relação entre a aquisição da capacidade de redigir e grafar rompe com a crença arraigada de que o domínio do bê-a-bá seja pré-requisito para o início do ensino de língua e nos mostra que esses dois processos de aprendizagem podem e devem ocorrer de forma simultânea. Um diz respeito à aprendizagem de um conhecimento de natureza notacional: a escrita alfabética; o outro se refere à aprendizagem que se usa para escrever. A conquista da escrita alfabética não garante ao aluno a possibilidade de compreender e produzir textos em linguagem escrita. Essa aprendizagem exige um trabalho sistemático.

Quanto à prática de leitura proposta, encontramos nos Parâmetros Curriculares (Brasil, 2001: 53) que:

> A leitura é um processo no qual o leitor realiza um trabalho ativo, a partir dos seus objetivos, do seu conhecimento sobre o assunto, sobre o autor, de tudo o que sabe, sobre a língua: características do gênero, do portador, do sistema de escrita etc. Não se trata simplesmente de extrair informação da escrita, decodificando-a letra por letra, palavra por palavra. Trata-se de uma atividade que implica, necessariamente, compreensão na qual os sentidos começam a ser constituídos antes da leitura propriamente dita.

A leitura dessas afirmações mostra claramente que o processo descrito não corresponde à decifração mecânica decorrente da soletração ou da silabação, próprias do ensino tradicional. Da aplicação dos métodos tradicionais resulta um grande número de fracassos, atribuídos à desconsideração no trabalho escolar da participação do aluno, de suas experiências e conhecimentos. O construtivismo envolve uma série de transformações no ensino, que alguns professores consideram difíceis de serem realizadas no dia a dia. É acusado de adivinhação e de promover falhas na aquisição da escrita e de aceitar que alunos analfabetos avancem na escolaridade. Ocorre que, antes de sua introdução no ensino, cerca da metade dos alunos que cursavam a 1ª série não se matriculavam no ano seguinte na segunda série. Sobre o assunto veja-se Teixeira (1957).

Os questionamentos docentes têm sido praticamente ignorados nas políticas publicas para a alfabetização. São adotados sistemas apostilados que consistem, sobretudo, em acrescentar às tradicionais atividades de ensino textos que, se presume, façam parte do contexto cultural das crianças. Porém, esses textos nem sempre se articulam, realmente, com as atividades solicitadas às crianças em sala de aula.

Não é pouco comum que princípios pedagógicos de orientações diversas e até contraditórias misturem-se no ensino. Com a aquisição de "pacotes" prontos por parte das prefeituras, os professores transformam-se em meros aplicadores de trabalhos planejados de modo desvinculado da realidade em que atuam; há casos em que são obrigados a adotar nas aulas as instruções metodológicas que integram esses pacotes.

Sobre o assunto, Adrião (2011: 45) observa:

> [...] tem-se no início do século XXI, uma arena, na qual os agentes proeminentes subscrevem opções de política pública educacional que tomam os procedimentos da esfera privada mercantil como os mais indicados e elegem a mesma esfera como "parceira" prioritária para a gestão da educação local. Acreditamos que este seja o elemento novo na arcaica relação: não se trata mais de governos adquirirem serviços ou produtos privados por meio da terceirização de determinadas tarefas, mas sim de repassarem para a esfera privada a própria gestão da educação pública.

> [...] assiste-se à transferência da função de elaboração e operacionalização da política educacional para a esfera privada comercial, representada por um mercado em ascensão, tendo em vista o espaço aberto pelas demandas dos governos locais.

Neste caso, a interferência na relação pedagógica – aluno, professor e objeto de estudo – envolve a intromissão vinda de fora, isto é, alheia aos diversos aspectos dos processos de ensino que ocorrem em situações reais. Essa interferência, que se origina em fontes externas, ocorre por meio do treinamento de professores, centrada em materiais, recursos e procedimentos estranhos às múltiplas situações de ensino onde devem ser aplicados. Indiferentemente aos interesses e características intelectuais de professores e alunos e aos diversos contextos sociais em que o ensino se realiza, a intervenção processa-se centrada em si mesma. Assim, assume uma postura epistemológica empírica que caracteriza a didática tradicional com algumas medidas que caracterizariam outras propostas cuja leitura na prática pedagógica, geralmente, é feita mediante métodos tradicionais.

A persistência dos problemas referentes à alfabetização ao longo das sucessivas reformulações curriculares e medidas administrativas expõe a complexidade da educação escolar como prática social e coloca em evidência a importância da formação dos professores.

A comparação entre as propostas de mudanças curriculares e as suas realizações mostra a ocorrência de discrepâncias. A atual distância entre o proposto e o realizado assemelha-se muito ao que já aconteceu no passado e muitos fatores contribuem para isso. Atualmente, a existência de alunos "analfabetos ou mal alfabetizados" em séries avançadas do ensino fundamental é bastante criticada. As dúvidas a respeito das mudanças em andamento são comuns. Ao longo do tempo, os procedimentos didáticos aplicados na alfabetização são questionados. Mas hoje esses questionamentos ganham mais visibilidade.

Sobre a atual situação do ensino, Portela de Oliveira (2011: 146) assinala:

> A permanência de alunos anteriormente excluídos modificou profundamente o ambiente escolar. Afloraram problemas no seu interior, como a violência e a tensão entre professores e alunos, e o chamado "clima escolar" entra na agenda. Práticas escolares há muito estabelecidas foram subitamente relegadas ao museu das inutilidades pedagógicas. O professor que barganhava "nota e aprovação" por comportamento e envolvimento perde o discurso. Mais do que isso, as populações que passam a permanecer na escola, além de apresentarem resultados escolares inferiores aos daquelas que já a frequentavam, são pouco atraídas pelo discurso da escolarização como mecanismo de ascensão social, que garante a adesão às

> práticas escolares por aqueles que almejam "futuro" por intermédio da escola. Questionam-na em seus métodos, seu currículo e seu sentido social.
> [...]
> Quando o aluno permanece na escola, é aprovado e não aprende, a natureza do problema muda. Ainda que permaneçam discursos justificadores da exclusão, do tipo "o aluno não quer aprender", "não tem condições", "as famílias são desestruturadas", a permanência desse aluno na escola por oito anos (agora catorze anos!), ao fim dos quais seu aprendizado é muito reduzido, põe a instituição escolar em cheque.

Neste contexto, as dificuldades dos professores para alfabetizar as crianças agravam-se. Por um lado, temos a "nova realidade escolar" com alunos que apresentam possibilidades e expectativas relativas à escola e ao ensino diferentes das apresentadas pelos estudantes de décadas atrás. Por outro lado, temos o ensino habitualmente proposto com enfoques tradicionais, sem vínculos com a realidade em que se aplica, alheio aos alunos a que se destinam e hoje orientado por "pacotes pedagógicos". O grande desafio proposto à educação escolar na atualidade é o de desenvolver ensino com "sentido" para todos os estudantes. Para tanto, é preciso repensar a formação docente.

As professoras alfabetizadoras e a sua formação

Atualmente, a licenciatura em Pedagogia constitui o curso de formação para os professores das séries iniciais do ensino fundamental, responsáveis pelo processo de alfabetização. Mas, no entender dos alfabetizadores, essa formação, geralmente, deixa a desejar.

Gatti (2011) analisou, em pesquisa, as propostas curriculares e ementas das disciplinas de 71 cursos de Pedagogia presenciais localizados nas diversas regiões do Brasil. Nessa pesquisa sobre a formação inicial de professores para os anos iniciais da educação básica, verificou o predomínio de estudos de referenciais teóricos. Sobre o assunto observa que as disciplinas relativas ao ofício docente representam apenas 0,6 % dos componentes disciplinares, e assinala:

> Na análise realizada sobre o conteúdo das ementas verifica-se que as disciplinas que estariam mais ligadas aos conhecimentos relativos à formação profissional específica também têm em suas ementas uma predominância de aspectos teóri-

> cos, aqueles que fundamentam as teorias de ensino, contemplando muito pouco as práticas educacionais associadas a estes aspectos. As disciplinas desse grupo trazem ementas que registram preocupação com as justificativas sobre o porquê de ensinar, o que de certa forma contribuiria para evitar que essas matérias se transformassem em meros receituários. Entretanto, só de forma muito incipiente registram quê e como ensinar. [...] Há, contudo, instituições que propõem o estudo de conteúdos de ensino associados a metodologias, mas ainda assim de forma panorâmica e pouco aprofundada. Então, mesmo no conjunto de 28,9% de disciplinas que podem ser classificadas como voltadas à formação profissional específica, as ementas sugerem que esta formação é feita de maneira ainda muito insuficiente, em virtude do grande desequilíbrio entre teorias e práticas, favorecendo apenas as teorizações mais abstratas. (Gatti, 2011: 80)

Nesta pesquisa, verificou-se, também, pouco aprofundamento dos estudos relativos a conteúdos disciplinares da educação básica, por exemplo, alfabetização e língua portuguesa. Sobre esses resultados (Gatti, 2011: 82) observa:

> [...] pode se inferir que a parte curricular responsável por propiciar o desenvolvimento de habilidades profissionais específicas para a atuação nas escolas e nas salas de aula fica bem reduzida. Assim, a relação teoria-prática como proposta nos documentos legais e nas discussões da área também se mostra comprometida desde essa base formativa.

Os resultados da pesquisa realizada por Gatti ajudam a aclarar a problemática da alfabetização no país e oferecem subsídios para reflexões sobre a formação docente.

Os professores atribuem papel decisivo às experiências vividas na prática no processo de elaboração de seus conhecimentos sobre o ensino. Mas, segundo alguns pesquisadores, a construção de conhecimentos sobre o trabalho docente não se reduz à prática. No entender de Tardif (2002), os saberes e o saber fazer dos professores não são produzidos por eles mesmos, nem se originam do trabalho cotidiano, mas são provenientes das instituições de formação profissional, dos currículos e da prática cotidiana, isto é, têm origem social.

Deste modo, os saberes docentes envolvem saberes diversos que os professores colocam em jogo no trabalho pedagógico e em suas reflexões sobre ele. E, a coordenação entre os conhecimentos provenientes da prática e os provenientes de estudos teóricos, os produzidos em pesquisas, os saberes sistematizados, por exemplo, é assunto a ser mais investigado, uma vez que esses conhecimentos atuam diretamente no ensino e nos processos de inovação pedagógica.

Para os professores, esses saberes da experiência constituem o referencial para a própria ação.

A importância atribuída pelos professores aos saberes da experiência manifesta-se em diferentes situações.

Quando indagados a respeito de como aprenderam a alfabetizar, os professores, em geral, respondem terem aprendido, no início do magistério, com um colega mais experiente ou com um familiar (professor), e não nos cursos de formação. O professor mais experiente, geralmente, descreve seu modo de trabalhar, empresta cadernos, diários e outros materiais, sugere exercícios. Os colegas interferem também nas decisões dos docentes diante de novas situações – a opinião favorável de um colega é decisiva para aceitar ou para rejeitar uma proposta pedagógica. Na hora de decidir, pesa o conhecimento prático de outro professor.

Por outro lado, a observação ao longo das últimas cinco décadas do que ocorre em nossas escolas revela a continuidade da aplicação do método tradicional no ensino e a persistência dos problemas referentes à alfabetização. Isso proporciona reflexões quanto à validade do processo de transmissão de informações entre os pares que interfere nesse processo, o que coloca em pauta a formação que tem sido proporcionada aos docentes.

O exame do relato feito pelos professores das experiências vividas no início do magistério indica que, no processo de elaboração dos saberes da experiência, a transmissão de práticas de um professor mais antigo para o principiante funciona como um molde para a prática desse principiante. Sua prática reproduz a orientação recebida do colega mais experiente: os conhecimentos elaborados pelo novato têm como referencial essa orientação que, por sua vez, também, se prende à prática de outro professor mais experiente. Isto pode explicar, pelo menos em parte, a persistência de algumas práticas de alfabetização e a não ocorrência das mudanças esperadas no ensino. Por outro lado, neste processo, o orientado observa os resultados obtidos com seus alunos, reflete e tira conclusões, faz alguns reajustes e aos poucos vai imprimindo algumas características próprias nas aulas, desenvolvendo outras maneiras de ensinar. Porém, os alunos que não se adaptam a este molde são considerados incapazes, e são aqueles que não conseguem aprender.

Schön (2000) propõe uma epistemologia da prática para tratar da questão do conhecimento profissional. Destaca a reflexão na ação que o profissional realiza na situação em que se insere sua ação, na qual pesquisa sua prática ainda que isso não ocorra de modo sistemático e controlado. Desse processo decorre o conhecimento na ação, que se completa com a reflexão sobre a reflexão na ação, identificada com a pesquisa na prática que propicia a atribuição de novos sentidos às situações incertas e conflituosas e a criação de novos procedimentos para a ação.

O paradigma do profissional reflexivo propõe perspectivas para a problemática da alfabetização.

As pesquisas, como a apresentada por Gatti (2011), mostram cursos deficitários para a formação do alfabetizador. Ao mesmo tempo, temos fracassos escolares atribuídos ao ensino inadequado para grande parte das crianças, sobretudo para as provenientes das camadas populares que acabam saindo da escola sem saber ler e escrever, ou pelo menos fazendo essas atividades tropeçando nas palavras. Por outro lado, o ensino que envolve modos de alfabetizar com procedimentos baseados na participação das crianças, se não for organizado com competência, prejudica os alunos cuja convivência com leitores e cuja experiência com materiais escritos são restritas. O ensino incompleto, por sua vez, gera resultados incompletos.

O cenário em que se insere o processo de alfabetização e a formação docente

A valorização dos saberes da experiência ajuda a entender o apego a procedimentos que passaram pelo teste da prática e o que acontece com muitas reestruturações curriculares, sobretudo quando estas se opõem ao ensino padronizado, geralmente predominante na prática.

Recorrer à colega mais experiente é conduta que se repete em situações de mudança pedagógica. Há professoras que relatam o retorno a essa conduta por ocasião da introdução do construtivismo como proposta pedagógica para orientar o ensino nas escolas públicas paulistas. Sobre o assunto, veja Micotti (2004).

Os questionamentos das professoras sobre a didática da alfabetização indicam que os padrões do ensino transmitidos entre colegas ignoram os outros componentes da situação pedagógica – os alunos. São comuns as questões sobre a possibilidade, ou os limites, da intervenção do mestre no processo de construção da escrita. São comuns, também, as questões a respeito das dificuldades das crianças – que conseguem copiar ou escrever, mas não leem. Questões como essas revelam a conservação de procedimentos padronizados no ensino, dando margem à execução de traçados mecanicamente memorizados. Entre os problemas revelados em muitas indagações destacam-se:

– o acesso à escrita convencional;
– os conflitos referentes à intervenção do professor na alfabetização;
– o envolvimento das crianças nas aulas;
– a questão do significado desse trabalho para os alunos.

Essas indagações indicam a interferência das concepções pedagógicas tradicionais nas práticas da proposta construtivista. Revelam, sobretudo, as dificuldades para integrar no ensino a participação das crianças e para recorrer ao paradigma de Schön (2000) sobre o profissional, capaz de refletir sobre a própria ação e desenvolver a reflexão sobre a reflexão na ação.

Por outro lado, o envolvimento das crianças com o que se passa nas aulas constitui um dos assuntos que permeiam as indagações apresentadas pelas professoras. A busca de esclarecimentos para resolver os problemas da interação da criança com a escrita e os denominados "problemas de disciplina" coloca em evidência o significado do trabalho escolar para as crianças, assunto que constitui um dos pilares do sucesso do ensino.

Para nós, os professores, às vezes é difícil admitir que as aulas possam não ter significado para os alunos. Mas a atribuição de significado depende da relação do sujeito com o objeto de conhecimento. O sentido que atribuímos aos acontecimentos que vivemos, assinala Develay (1996: 97), "é muito íntimo, muito pessoal. A mesma atividade terá sentido para um aluno e não para o outro. Isso constitui a dificuldade do ensino: orientar um grupo de alunos diferentes a dar sentido a uma atividade comum".

O sentido é construído pelo sujeito. A atribuição de significado depende da sua relação com o objeto de conhecimento, que nesse processo utiliza suas experiências e seus conhecimentos anteriores. Como a atribuição de significado é subjetiva, a tarefa de propiciar situações que tenham sentido para as crianças é complexa. A falta de sentido pode ocasionar muitas condutas consideradas impróprias pelos professores.

O sentido ocorre na relação da intenção do indivíduo com a sua ação. Favorecer a atribuição de sentido a uma situação envolve a prática de procedimentos que o próprio indivíduo cria e utiliza em contextos diversos. Envolve o estabelecimento de relações entre aspectos das situações e a sua própria ação, com a criação de variações de condutas para adequá-las às suas finalidades e às interações pessoais que permitem troca de pontos de vista e compartilhamento do sentido dessas situações. Mas, para isso, os diálogos precisam estar presentes nas salas de aula e isto nem sempre ocorre. Sem ouvir os alunos é impossível compartilhar os sentidos da experiência vivida em sala de aula.

Como pode-se notar, são as práticas integradas e compartilhadas que asseguram o acesso ao sentido e ao significado da escrita na vida social, e elas podem ajudar uma criança a elaborar essa compreensão. O desenvolvimento, ou não, de práticas pedagógicas que sejam favoráveis à ocorrência de sentido no trabalho escolar é uma questão que pode ser detectada pela reflexão na ação e, sobretudo, pela reflexão sobre a reflexão na ação, no caso, sobre as ações que compõem o ensino. Como observa Altet (1997: 6-7), as pedagogias centradas na aprendizagem não se interessam apenas pela aquisição de conteúdos, mas também pelos processos utilizados no aprendizado.

A formação de professores e as indagações sobre as práticas pedagógicas

Os saberes da prática são muito valorizados pelos professores, que os atribuem à própria experiência, embora a origem desses saberes seja questionada na literatura especializada, que atribui a eles uma origem coletiva e, portanto, social.

O aprendizado do processo de alfabetização, em geral, ocorre logo no início do exercício do magistério, pela reprodução de práticas pedagógicas, utilizadas por colegas mais experientes, que são incorporadas no fazer docente com poucos questionamentos sobre sua aplicação e suas implicações educacionais ou suas consequências para os aprendizes.

As fragilidades dos cursos de formação para o ensino nas séries iniciais da educação básica são assinaladas por Gatti (2011). As lacunas provocadas pela ênfase atribuída aos componentes curriculares teóricos em detrimento das práticas provocam reflexões sobre o encaminhamento da formação docente, uma vez que não basta para essa formação a imersão dos alunos do curso de Pedagogia no cotidiano das escolas.

A ênfase nas vivências no ambiente escolar durante a formação inicial pode gerar a incorporação às modalidades de interação com práticas nem sempre adequadas para o aprendizado e o desenvolvimento docente, sobretudo se forem desconsiderados os seus efeitos para as crianças e, mesmo, para a sociedade.

Aos responsáveis pela formação docente cabe a responsabilidade pela adoção de posturas críticas que possam orientar a análise de diferentes atuações docentes e suas repercussões na formação das novas gerações, destacando as análises das ações pedagógicas, das modalidades de linguagem e das atuações sociais dos professores no espaço escolar.

A conservação dos procedimentos didáticos mediante a reprodução de modos de agir de professores mais experientes constitui um dos aspectos que merecem atenção na análise das práticas pedagógicas. Incluir o estudo e a análise das tradições, dos valores, das ações e dos modos de interagir que acompanham o trabalho do professor e os seus efeitos nas estruturas cognitivas, afetivas e emocionais das crianças constitui o caminho a ser mais explorado nos cursos de formação.

Enfim, as lacunas observadas por Gatti (2011) em pesquisa sobre os currículos e ementas dos cursos de Pedagogia de todas as regiões do país indicam a necessidade de equilibrar os componentes do curso – os estudos teóricos e as atividades práticas – integrando-os e analisando-os criticamente na formação dos alfabetizadores.

O processo de alfabetização e a formação continuada

Sobre a formação continuada de professores é interessante lembrar a observação de Teberosky (2004: 68) sobre projetos de inovação do ensino da escrita, em que, citando Czerniewska (1992: 77), destaca o lugar do "trabalho prévio" que prepara as iniciativas inovadoras dos professores:

> Tal trabalho constitui em compartilhar com os professores não só prescrições ou princípios teóricos gerais, mas experiências educacionais concretas. Para melhorar a orientação do ensino da escrita, foi necessário abordar as práticas reais sobre o que se aprende e como se aprende. Ensinar a escrever de "maneira construtiva" significa organizar uma complexa interação que envolva "professores, alunos e currículo".

Temos observado, na realidade, em relação à formação inicial de professores em geral e, especificamente, no curso de Pedagogia, que os estudos teóricos isolados, por mais aprofundados que sejam, ficam desprovidos de sentido para a maioria dos alunos. Os estudos das propostas "volatilizam-se" caso não sejam completados com as suas implicações para as práticas pedagógicas em realizações no cotidiano escolar e com reflexões sobre a integração desses trabalhos no contexto teórico e prático.

No exercício do magistério, a falta de sentido para os estudos teóricos em geral resulta na busca de alternativas metodológicas próprias do senso comum. Os licenciados, por falta de aprendizado de referenciais teóricos consolidados, muitas vezes não encontram solução para os problemas que encontram na prática pedagógica. Ao não darem conta desses problemas, responsabilizam as crianças e sua família pela não aprendizagem da leitura e da escrita, cujos resultados já são conhecidos. Portanto, urge repensar a formação inicial dos professores alfabetizadores.

Neste contexto, os relatos de trabalhos práticos com ênfase em seus fundamentos teóricos assumem particular importância. Contudo, é preciso assinalar que o enfoque teórico de práticas faz sentido para os estudantes e professores em exercício do magistério quando há a percepção das relações entre os saberes da própria experiência e os novos conhecimentos.

O Projeto Raios de Sol

A inter-relação de conhecimentos teóricos e práticos constitui um dos focos do trabalho desenvolvido no Projeto Raios de Sol, vinculado à Red Latinoamericana para Transformación de la Formación Docente en Lenguaje. Quanto à apropriação pelas professoras, participantes do Projeto Raios de Sol, do conceito e das estratégias da pedagogia por projetos, elas mencionam os caminhos pelos quais cada uma conheceu a proposta, as suas intenções e interações iniciais e as práticas correspondentes.

> Algumas professoras descrevem um percurso que parte dos estudos teóricos em direção às práticas pedagógicas, outras descrevem tensões nas situações práticas indutoras da busca de outros saberes; em ambos os casos, a questão das articulações entre saberes teóricos e práticos se manifesta. Em ambos os casos, os estudos teóricos – leituras, cursos – são indicados como parte integrante do movimento inicial de deixar um modelo de atuação docente para assumir outro modo de ensinar, mas os fatores desse movimento são vinculados a situações práticas, sobretudo aquelas que refletem a problemática do ensino na atualidade. (Micotti, 2009: 271)

No Projeto Raios de Sol reúnem-se professoras de educação básica interessadas em mudar suas atuações docentes, muitas delas em busca de alternativas metodológicas para resolver problemas práticos. É interessante assinalar que algumas se manifestam surpresas com os resultados obtidos pelo ensino teoricamente fundamentado. A inter-relação das teorias com as práticas constitui, pois, uma novidade.

Comparando as interações que vivenciamos no Projeto Raios de Sol com as vivenciadas com alunos de curso de formação inicial no tocante à integração de trabalhos teórico-práticos, notamos algumas semelhanças e diferenças. Em ambos os casos, as pessoas manifestam satisfação com os resultados obtidos.

Em se tratando da formação inicial, a satisfação manifesta-se com a própria realização do trabalho, cujos resultados são vistos, sobretudo, na participação e demonstração de interesse por parte dos alunos das escolas em que os estudantes estagiam. Ao passo que nas reflexões dos participantes de atividades de formação continuada, a satisfação manifesta-se pelos resultados obtidos em termos das condutas e desempenhos dos seus alunos. Esses resultados são vinculados às mudanças feitas, às práticas realizadas, em um processo de reflexão sobre as ações, realizadas no passado e no presente, pelas comparações entre elas e pela análise das próprias reflexões antes e após as mudanças da atuação em sala de aula.

Referências

ADRIÃO, T. A aquisição de sistemas de ensino por municípios paulistas: privatização da educação pública? In: ZAMBELLO DE PINHO, S. (org.). *Formação de educadores*: dilemas contemporâneos. São Paulo: Ed. Unesp, 2011.

ALTET, M. *Les pédagogies de l'apprentissage*. Paris: PUF, 1997.

BRASIL. Secretaria de Ensino Fundamental. *Parâmetros Curriculares Nacionais*: língua portuguesa. 3. ed. Brasília: MEC, 2001.

CZERNIEWSKA, P. *Learning about writing*. Londres: Blackwell, 1992.

DEVELAY, M. *Donner du sens à l'école*. Paris: ESF, 1996.

GATTI, B. G. Licenciaturas: características institucionais, currículos e formação profissional. In: ZAMBELLO DE PINHO, S. (org.). *Formação de educadores dilemas contemporâneos*. São Paulo: Ed. Unesp, 2011.

MICOTTI, M. C. de O. Alfabetização: o aprendizado do ensino. In: *Alfabetização*: os caminhos da prática e a formação de professores. Rio Claro: Instituto de Biociências – Unesp, 2004.

________. A formação continuada de professores. In: *Leitura e escrita*: como aprender com êxito mediante a pedagogia por projetos. São Paulo: Contexto, 2009.

PORTELA DE OLIVEIRA, R. L. A qualidade do ensino como parte do direito à educação: um debate em torno dos indicadores. In: ZAMBELLO DE PINHO, S. (org.). *Formação de educadores dilemas contemporâneos*. São Paulo: Ed. Unesp, 2011.

SCHÖN, D. A. *Educando o profissional reflexivo*: um novo design para o ensino e o aprendizado. Porto Alegre: Artes Médicas, 2000.

TARDIF, M. *Saberes docentes e formação profissional*. Petrópolis: Vozes, 2002.

TEBEROSKY, A. Ensinar a escrever deforma construtiva. In: BARBERÀ, E. *O construtivismo na prática*. Trad. Magda Schuartzhaupt Chaves. Porto Alegre: Artmed, 2004.

TEIXEIRA, A. *Educação não é privilégio*. Rio de Janeiro: Ed. José Olympio, 1957.

A autora

Maria Cecília de Oliveira Micotti, professora titular, atualmente é docente voluntária do Programa de Pós-graduação em Educação do Departamento de Educação do Instituto de Biociências de Rio Claro – Unesp. É coordenadora do grupo de pesquisa Alfabetização e do Projeto Raios de Sol, vinculado à Red Latinoamericana para la Transformación de la Formación Docente en Lenguaje. É coordenadora desta Red no Brasil.

ALFABETIZAÇÃO E LETRAMENTO

Magda Soares

O analfabetismo no Brasil permanece um tema de dolorosa atualidade. Mas quais as verdadeiras causas do fracasso do processo de alfabetização no Brasil? Por que nossas estatísticas sobre o analfabetismo – e sobre o baixo desempenho escolar nos primeiros ciclos do ensino fundamental – insistem em nos revelar números tão incômodos? Qual a verdadeira responsabilidade que cabe ao educador, aos métodos, aos materiais didáticos, à escola e à própria sociedade em relação a isso? Magda Soares, uma das maiores especialistas brasileiras em alfabetização, nos propõe algumas possibilidades de resposta para tais perguntas e nos impõe novas provocações. Na primeira parte do livro, ela apresenta e discute concepções de alfabetização e letramento, mostrando a necessidade de que um problema tão complexo seja enfrentado por um esforço multidisciplinar. Em seguida, desvela a função politicamente distorcida dos programas de acesso à leitura e à escrita, constata o divórcio entre o processo de alfabetização e o de conquista da cidadania e, por fim, explicita o abismo entre o discurso oficial da escola e o das crianças pertencentes às camadas populares.

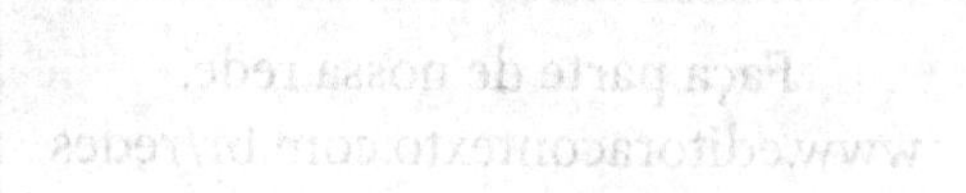

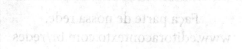